Santuarios Seguros

Prevención del abuso infantil y juvenil en la iglesia

Joy Thornburg Melton

Traducido y adaptado por Janette M. Chévere y María Colone

DISCIPLESHIP RESOURCES

PO BOX 340003 • NASHVILLE, TN 37203-0003
www.discipleshipresources.org

Dedicatoria

Dedico este libro, con mucha gratitud, a los miembros de la Primera Iglesia Metodista Unida en Cherryville, Carolina del Norte, y especialmente a aquellas personas quiénes trabajaron en la guardería infantil cubriendo a cada niño y niña que se les confió con mucho amor y cuidado. Unas palabras especiales para el ministerio de la Sra. Lola Beam y la Sra. Dell Wofford, quienes desde mi niñez las he visto proveer una iglesia segura y llena de amor para todos los niños y niñas que han pasado por la Primera Iglesia Metodista de Cherryville. Durante casi cuatro décadas, ellas han modelado el compromiso íntegro de la iglesia para cuidar a los pequeños, al igual que a mi hermanita y a mí, y a muchos otros más.

A Susan Hay, Terry Carty y a Mike Selleck, quienes a través de su compasión e integridad al ministerio juvenil han inspirado a una comunidad de jóvenes cristianos/as.

A Jennifer Bowden por el gran amor que ha derramado a la comunidad de jóvenes cristianos/as en Atlanta, Georgia.

A John y Teddy Kilby, W.T. y Teenie Robinson, Buddy y Jane Robinson, por el amor incondicional con el que me rodearon y haberme provisto un santuario sagrado donde crecer segura en el camino que lleva a la vida de fe eterna.

Finalmente, dedico este libro a David y Kathryn Melton, quienes me guían cada día; en la esperanza de caminar siempre juntos la jornada de fe.

Diseño de la portada y del interior del libro por: Nanci Lamar

Traducido y adaptado por: Janette M. Chévere y María Colone

Editado por: Alma W. Pérez y Blanca Longhurst

Investigación de recursos disponibles sobre la prevención del abuso en español: Jennifer Davis

ISBN 0-88177-402-2

Library of Congress Card Number: 2004112418

Texto bíblico tomado de La Biblia de estudio, *Dios Habla Hoy,* 3ª edición © 1994 Sociedades Bíblicas Unidas, excepto cuando se indique algo diferente.

Texto tomado de "El Pacto Bautismal/Confirmación/Recepción de Fe/Recepción" de *Mil Voces para Celebrar, Himnario Metodista ©1996* por la Casa Metodista Unida de Publicaciones, páginas 23-29. Usado con permiso.

Texto tomado de *The Book of Resolutions of The United Methodist Church - 2004 ,* páginas De201-20. Derechos de Autor ©2004 por La Casa Metodista Unida de Publicaciones (versión en inglés). Usado con permiso.

Este recurso ha sido publicado por Discipleship Resources con la esperanza de que ayudará a las congregaciones en la planificación de ministerios seguros para la niñez y juventud. Discipleship Resources y la Junta General de Discipulado no proveen servicios legales, contabilidad u otros servicios profesionales de consejería. De necesitar consejería u otra ayuda similar, se aconseja buscar los servicios de un consejero profesional. Este manual no establece un parámetro absoluto sobre el cuidado en las iglesias locales. Cada iglesia toma sus propias decisiones y determina lo que es mejor para la misma. La intención de este libro es proveer información que pueda ser de utilidad para algunas iglesias.

DR402

Índice

Nuestro mandato

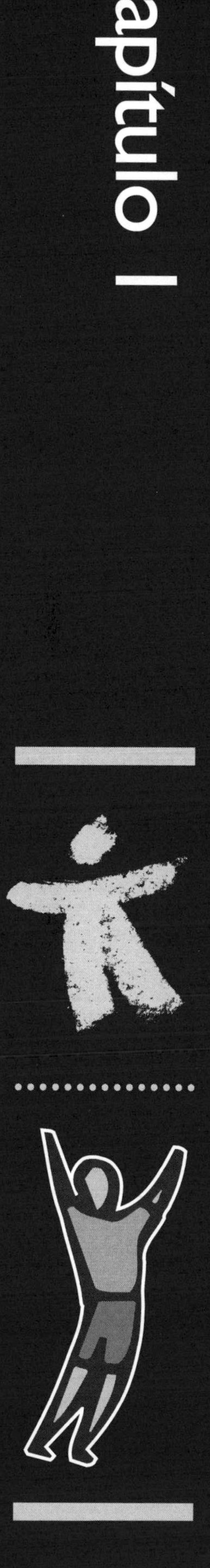

COMO CRISTIANOS, somos llamados a vivir de acuerdo al evangelio de Jesucristo. Nuestra herencia cristiana tiene sus raíces en el pueblo hebreo. Aceptamos la tradición y la experiencia proveniente del Antiguo Testamento o de las Escrituras hebreas, como las nuestras propias. Es en la historia de los antiguos hebreos que encontramos un legado profundamente arraigado a la justicia y misericordia, centradas en la comunidad de fe (véase Levítico 19:15; Deuteronomio 24:17; Isaías 1:17, 56:1; Amós 5:24 y Miqueas 6:8). También encontramos una fuerte tradición de hospitalidad y generosidad (véase Levítico 19:10 e Isaías 58:10-12).

La justicia y la hospitalidad son elementos esenciales en el pacto entre Dios y el pueblo. La adoración era la sangre vital del convenio. A través de la historia del pueblo hebreo encontramos registrados sus prácticas y los lugares santos de su adoración. A veces, el lugar santo para adorar no era más que una pequeña casa de campaña o un cúmulo de piedras levantadas en la planicie. Otras veces, el lugar santo era un templo precioso con muchos salones adornados. El lugar de adoración no era importante; lo que importaba era que el pueblo lo consideraba santo, un santuario donde se podía adorar en armonía y seguridad (véase Salmo 20:1-2 y Salmo 27: 4-5). Debemos recordar hoy que para los hijos/as de Dios, las iglesias son santuarios seguros. Quizás ahora más que nunca, debemos de hacer todo lo que esté a nuestro alcance para que nuestras iglesias continúen siendo lugares de crecimiento y refugio para nuestros niños/as y jóvenes. Los niños/as y adolecentes en nuestras comunidades de fe enfrentan temores y tensiones que muchos de nosotros como padres nunca imaginamos posible. Mientras escribía este libro, los medios noticiosos se enfocaron en una serie de asesinatos y de intentos de asesinatos, los cuales involucraban una lesión crítica de un estudiante de escuela intermedia por un francotirador no identificado, mientras el estudiante caminaba hacia la escuela. Las escuelas de esa área fueron cerradas y todas las actividades y festividades fueron canceladas. Se proveyeron consejeros para ayudar a los estudiantes a enfrentar y lidiar con los temores que naturalmente procedieron a ese evento. Las iglesias movilizaron todos sus recursos, proveyendo consejería, aliento y oportunidades para la oración y compañerismo. Nuestras iglesias deben continuar siendo lugares donde las personas de todas las edades puedan reunirse como pueblo para adorar, estudiar y servir con la seguridad de que estarán sanas y seguras dentro de la comunidad de fe.

El Nuevo Testamento reafirma que los cristianos debemos de continuar en una relación de pacto con Dios y la comunidad de fe. En Lucas 2:21-23, María y José presentaron a Jesús en dedicación a Dios, de acuerdo a su costumbre. Esa tradición continúa hoy día en nuestras comunidades de fe, cuando presentamos a un niño/a o bautizamos algún joven. Más adelante, Lucas documenta otra visita de María, José y Jesús a su lugar de adoración, Jerusalén (Lucas 2:41-52). Jesús, quien era un joven en ese momento, se sintió en casa, seguro y cómodo en aquel lugar. La comunidad de fe o congregación había sido donde él se había criado, y él sentía que pertenecía allí.

El ejemplo que podemos ver en la vida de la familia de Jesús, es el modelo que nosotros queremos ver en nuestras familias y congregaciones de hoy en día. Debemos vivir una vida justa y generosa, siguiendo los mandamientos establecidos por Jesucristo. Jesús enseñó que los niños/as y jóvenes deben ser incluidos dentro de la comunidad de fe (véase Mateo 18:5-6 y Lucas 18:15-17). A lo largo de la historia de la iglesia cristiana, los niños/as y jóvenes han sido incluidos tanto en la adoración como en los ministerios de la comunidad de fe. Hoy día, la iglesia podría ser el único lugar donde algunos niños/as y jóvenes pueden encontrar el cuidado y el amor incondicional que tan desesperadamente necesitan, para crecer y convertirse en personas maduras en la fe. Como cristianos, debemos de asumir la responsabilidad de tomar a nuestros niños/as y jóvenes muy en serio, atendiendo siempre sus necesidades de crecimiento físico y espiritual. Fallamos a nuestra responsabilidad si no tomamos las precauciones necesarias para evitar el abuso físico dentro de nuestras iglesias. Obviamente, no podremos evitar el abuso de menores a cada momento. No obstante, es posible reducir grandemente el riesgo si seguimos y practicamos una política de prevención meticulosa.

El abuso sexual de menores es una realidad trágica en nuestras comunidades. A pesar de lo mucho que queremos negar la realidad, el abuso sexual de menores es un hecho inevitable en nuestras iglesias. Casi cada día escuchamos informes a través de los medios de comunicación sobre los abusos perpetrados en las iglesias o en programas auspiciados por la iglesia. Cuando comencé a trabajar en el ministerio, hace dos décadas, había muy poca publicidad sobre la existencia del abuso sexual en las iglesias. Hoy en día, ese es el problema más traumático que enfrento como abogada y como ministra de la Iglesia Metodista Unida. En el caso de los niños/as o jóvenes, los ministros u otros empleados que trabajan con ellos, son las personas en quienes ellos más confían. Cuando esos adultos toman ventaja de esa confianza y abusan a menores, los daños físicos y emocionales son devastadores. Por ejemplo, imagine el sufrimiento traumático de un grupo de jóvenes cuando se entera de que el ministro de jóvenes abusó repetidamente de dos jóvenes de escuela superior de su grupo. Imagine el horror dentro de la iglesia, cuando se descubre que el director del programa de deportes de los jóvenes abusó sexualmente a miembros del grupo atlético bajo su supervisión. Éstos son sólo dos ejemplos de muchos casos que han estado en el medio noticioso recientemente. Las iglesias, los niños/as, los jóvenes y las familias, sin duda, seguirán sufriendo en los años futuros.

Históricamente las iglesias metodistas unidas han trabajado arduamente para asegurarse de que a los niños/as y los jóvenes de las comunidades se les estén proporcionando comida, ropa, educación y la afirmación de sus valores y autoestima. La Iglesia Metodista Unida (a través de las denominaciones que la precedieron), fue la primera denominación en ofrecer programas preescolares, jardínes o guarderías infantiles a los bebés de las comunidades cuyos padres trabajaban; y la escuela dominical, en la cual los niños/as aprendían

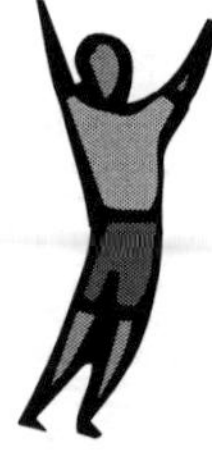

HOY DÍA, NUESTRA IGLESIA podría ser el único lugar donde algunos niños/as y jóvenes pueden encontrar el cuidado y el amor incondicional que tan desesperadamente necesitan, para crecer y convertirse en personas maduras en la fe.

del amor y de la presencia diaria de Dios. Muchas iglesias metodistas unidas han sido pioneras proveyendo programas estudiantiles fuera del horario escolar y programas de tutorías. Hoy, esas tradiciones continúan y proveen un sólido fundamento sobre el cual podemos satisfacer la necesidad de prevenir toda clase de abuso.

Cuando se levanta un alegato de abuso en una iglesia, ya sea verídico o falso, todas las personas en la iglesia sufren. La víctima y su familia sufren un dolor inimaginable. La congregación sufre el trauma al enfrentar que el pacto de vida ha sido quebrantado o violentado. La familia del agresor sufre una humillación terrible y eventualmente la unidad de la familia se ve afectada. Muchas veces cuando tales acusaciones salen a la luz, el resultado es un litigio; se formulan cargos criminales en contra del agresor o se presenta una demanda civil para recobrar beneficios en contra del acusado o de la iglesia. El costo del litigio, irrespectivamente del resultado, son astronómicamente altos en todas las fases: financiera, emocional y espiritual. El sentido de pérdida es experimentado por todas las partes involucradas en el caso. En muchas ocasiones, toma años para que la comunidad de fe experimente la sanidad integral.

Aún cuando las alegadas acusaciones sean probadas como falsas, el dolor y el trauma experimentado por la iglesia son devastadores. La persona falsamente acusada y su familia son terriblemente afectadas y humilladas. La congregación se ve afectada por el sentido de culpa de que algo así ocurriera dentro de su comunidad. Entonces la iglesia en su totalidad sufre conjuntamente con la persona falsamente acusada. Finalmente, debemos reconocer que la víctima que levantó la acusación falsa, necesita el amor y el cuidado por parte de la comunidad de fe.

En el 1996, la Conferencia General de la Iglesia Metodista Unida adoptó una resolución dirigida a reducir el riesgo del abuso en la iglesia. El espíritu de esta resolución abarca desde la protección de niños hasta jóvenes de la escuela secundaria. El texto completo de la resolución se encuentra en las próximas páginas. Según usted la lea, encontrará pasos específicos que deben ser tomados por la iglesia local, la conferencia anual, la Junta General de Discipulado y la Junta General de Ministerios Globales. Este libro tiene el propósito de ayudar a su conferencia y a la iglesia local en la implantación de dichos procedimientos.

La política y los procedimientos de prevención de abuso son esenciales para toda congregación: niños/as y jóvenes menores de 18 años, y los trabajadores asalariados y voluntarios que atienden a éstos. Estamos muy conscientes de que las congregaciones locales trabajan con niños/as y jóvenes de diferentes maneras dentro del ministerio. Por eso, las políticas de prevención serán un poco diferentes entre una congregación y otra.

El evangelio nos compromete a servir a los niños/as y a los jóvenes. No debemos permitir que los riesgos obstaculicen o marginen a nuestros ministerios. Debemos:

- Reconocer los riesgos y desarrollar un plan práctico para reducirlos;
- Tomar los pasos necesarios para prevenir que nuestros niños/as, jóvenes y empleados sean perjudicados;
- Continuar aceptando el reto imprescindible del evangelio para

LA POLÍTICA y los procedimientos de prevención de abuso son esenciales para toda congregación...

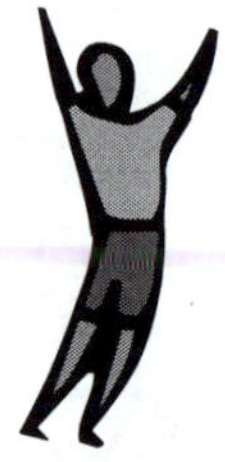

EL EVANGELIO
nos compromete a servir
a los niños y a los jóvenes.

estar en ministerio con los niños/as y jóvenes, y hacer una diferencia en sus vidas.

Este libro es una guía y modelo de políticas y procedimentos apropiados para su congregación, mientras crea un plan sustancial hacia la prevención del abuso infantil y juvenil. *Santuarios seguros* puede ser un recurso valioso para su congregación o conferencia anual, al hacer realidad el mandato del evangelio de proveer un lugar sano y seguro donde los niños/as y jóvenes puedan experimentar el amor incondicional de Dios y el compañerismo dentro de la comunidad de fe.

Reducir el riesgo del abuso sexual infantil en la iglesia*

Jesús dijo: "Y el que recibe en mi nombre a un niño... me recibe a mí" (Mateo 18:5). Los niños/as son nuestro presente y futuro, nuestra esperanza, nuestros futuros maestros/as y nuestra inspiración. Ellos son participantes activos dentro de la vida de la iglesia y del reino de Dios.

Jesús también dijo: "A cualquiera que haga caer en pecado a unos de estos pequeños... más le valdría que lo hundieran en lo profundo del mar con una gran piedra de molino atada al cuello" (Mateo 18:6). Nuestra fe cristiana nos llama a ofrecer hospitalidad, así como proteger a los pequeños: los niños/as. Los "Principios Sociales" de la Iglesia Metodista Unida declaran: "a los niños/as se les debe proteger de la explotación y el abuso económico, físico y sexual" (¶ 162C –*Disciplina de la Iglesia Metodista Unida – 2000*).

Trágicamente las iglesias no siempre han sido sitios seguros para los niños/as. El abuso sexual, la explotación y abuso ritual** ocurren en las iglesias grandes o pequeñas, urbanas o rurales. El problema transciende a toda barrera económica, cultural y racial. Es real y va en aumento. Muchas conferencias anuales pueden citar incidentes específicos de abuso y explotación sexual dentro de sus iglesias. Prácticamente cada congregación tiene entre sus miembros, adultos sobrevivientes de algún trauma sexual.

Estos incidentes son devastadores para todas las personas involucradas: el/la menor, la familia, la iglesia local y el liderato. Las iglesias destruidas por las consecuencias legales, emocionales y financieras de una litigación surgida por alegados abusos van en aumento.

Dios nos llama a hacer de nuestras iglesias lugares sanos y seguros, al proteger a nuestros pequeños y toda persona vulnerable al abuso sexual o ritual. Dios nos llama a crear comunidades de fe, donde los niños/as y los adultos puedan crecer sanos y fuertes. En respuesta a este reto para todas las iglesias, se deben tomar los siguientes pasos para reducir el riesgo de abuso sexual infantil y juvenil:

---

* Tomado de *The Book of Resolutions of The United Methodist Church-2004*, páginas 201-202. Derechos de Autor ©2004 por La Casa Metodista Unida de Publicaciones (versión en inglés). Usado con permiso.

** El abuso ritual son aquellos actos abusivos cometidos como parte de ceremonias o cultos religiosos. Una persona que comete abuso ritual está más bien relacionada con sectas. [Para más información sobre este tipo de abuso favor de accesar http://www.ra-info.org/faqs/trans_span.shtml.]

A. Las iglesias locales deberán:

1. Desarrollar e implantar un programa educativo continuo para la congregación y sus líderes sobre la realidad del abuso, los factores de riesgos conducentes al abuso infantil y juvenil, y las estrategias de prevención;

2. Adoptar procedimientos investigativos (uso de solicitudes, entrevistas, cotejo de referencias, historial, etc.) para trabajadores (ya sean asalariados o no), que estén involucrados directa o indirectamente con el cuidado infantil o juvenil;

3. Desarrollar e implantar procedimientos de seguridad para las actividades de la iglesia, tal como tener dos o más adultos, no relacionados entre sí, presentes en las clases o actividades; dejar las puertas abiertas e instalar ventanas pequeñas en las puertas de los salones; proveer monitores de seguridad en los pasillos; implantar listas de registro para las entradas y salidas de niños/as y jóvenes, etc;

4. Asesorar a los niños/as y jóvenes sobre las personas o agencias que pueden contactar, ya sea dentro o fuera de la iglesia, para pedir orientación o ayuda en caso de haber sufrido abuso.

5. Tener seguro de responsabilidad pública que incluya cubierta para casos de abuso sexual;

6. Ayudar en la implantación y el desarrollo de programas que eduquen a los niños/as y jóvenes a estar alertas a través de un plan de estudio y actividades;

7. Estar familiarizadas con las políticas de la conferencia anual y otras agencias de la iglesia, con respecto a la conducta sexual inapropiada que puedan exhibir los clérigos/as.

B. Las conferencias anuales deberán:

1. Desarrollar políticas y procedimientos de seguridad para la reducción de peligros en eventos a nivel de la conferencia, campamentos, retiros, actividades juveniles, cuidado infantil durante eventos conferenciales, viajes misioneros, etc.

2. Desarrollar guías y talleres de capacitación para el personal de la iglesia local responsable de la prevención del abuso en las iglesias. Ambas políticas deberán ser desarrolladas por un comité de trabajo elegido por el gabinete en cooperación con las agencias apropiadas de la conferencia. Estas políticas serán aprobadas por la conferencia anual y asignadas a una agencia de la conferencia para su implantación. Se sugiere que la política sea circulada en publicaciones dentro de la conferencia y compartidas con el laicado y el clero a nivel distrital y en los seminarios conferenciales.

Notas:

DIOS NOS LLAMA a hacer de nuestras iglesias lugares sanos y seguros…

C. La Junta General de Discipulado y la Junta General de Ministerios Globales deberán:

1. Colaborar mutuamente para desarrollar e identificar y promover los siguientes recursos:

2. Crear ejemplos de políticas, procedimientos, formularios etc., para reducir el riesgo del abuso sexual y la explotación de la niñez y la juventud en la iglesia local, tanto en relación a los programas locales como cualquier otro programa de alcance u otros programas para la niñez y juventud que usen las facilidades físicas de la iglesia.

3. Material curricular sobre prevención de abuso para uso de las iglesias locales.

4. Oportunidades y recursos educativos sobre el abuso sexual infantil, la explotación y el abuso ritual, y

5. Recursos sobre el tema de la sanidad para quienes han sufrido traumas a causa del abuso sexual durante su niñez.

La magnitud del problema

CADA SEMANA muchas iglesias locales participan del servicio del sagrado bautismo de infantes, jóvenes y adultos. En la congregación donde yo asisto, tenemos dos servicios cada domingo y muchas veces tenemos servicio de bautismo en cada uno de ellos. No hace mucho, tuvimos cinco en un mismo servicio; el bautismo de un par de gemelos y sus hermanos, un par de trillizos. ¡Qué celebración! Por lo menos una vez al año nuestra congregación celebra la confirmación de jóvenes que ya han completado sus estudios de confirmación y que han decidido profesar su fe cristiana. Este año nuestra clase de confirmación es casi de setenta jóvenes. El día de confirmación será un día inolvidable de celebración para esos jóvenes y sus familias, así como lo será para toda nuestra iglesia. Cada congregación celebra el servicio de confirmación, así haya uno ó cien jóvenes cristianos para confirmarse. De esta manera reconocemos la presencia y el poder de Dios en una nueva generación de creyentes.

Durante el servicio de confirmación de jóvenes, nuestro pastor se dirige a toda la congregación, diciendo: "Hermanos y hermanas, hoy hay alegría entre nosotros, porque estamos recibiendo a estas personas en la fe, que ahora vienen a formar parte de nuestra comunidad. Démosles una bienvenida de amor. Las encomiendo a su cuidado. Procuren que se sientan como en su casa. Abramos nuestros corazones para darle nuestro amor y también para recibir lo que ellas nos ofrecen. Recibámosles como miembros de nuestra familia, y hagamos todo lo que esté a nuestro alcance para acrecentar su fe, confirmar su esperanza y perfeccionarle en el amor." La congregación responde con la siguiente promesa y pacto: "…Demos gracias al Señor. Los recibimos con alegría y amor. Hay un canto en nuestros corazones, porque ustedes vienen a formar parte de nuestra comunidad, y nos bendicen con ello. Como miembros, juntamente con ustedes, del cuerpo de Cristo y de esta congregación de la Iglesia Metodista Unida, renovamos nuestros votos de sostenerla con nuestras oraciones, nuestra presencia, nuestras contribuciones y nuestro servicio. Amén." ("El Pacto Bautismal/Confirmación/Recepción de Fe/Recepción", *Mil Voces para Celebrar, Himnario Metodista*, páginas 28-29). Al hacer esta promesa, cada persona en la congregación asume una responsabilidad sagrada ante Dios por las vidas de la juventud confirmada.

En el bautismo, nuestro pastor comienza el servicio leyendo las palabras de Jesús: "Dejen que los niños vengan a mí, y no se lo impidan, porque el reino de los cielos es de quienes son como ellos" (Mateo 19:14). Los padres y la congregación son examinados en su disponibilidad para criar a los niños/as a través de su fe, el pequeño es nombrado y bautizado, entonces es presentado a la congregación. En ese momento, la congregación asume *la sagrada responsabilidad* cuando responde: "Con la ayuda de Dios, proclamaremos las buenas nuevas y viviremos según el ejemplo de Cristo. Rodearemos a estas personas con una comunidad de amor y perdón, para que puedan

...SOMOS LLAMADOS
A PREVENIR el abuso
infantil y juvenil dentro
de nuestras iglesias.

crecer en su confianza en Dios y ser halladas fieles en su servicio a los demás. Oraremos por ellas para que sean fieles discípulos que anden por el camino que conduce a la vida eterna" (El Pacto Bautismal/Confirmación/Recepción de Fe/Recepción", *Mil Voces para Celebrar, Himnario Metodista,* página 23). A través de nuestra promesa nos comprometemos a guiar al niño/a, dando testimonio y viviendo una fe cristiana. Mediante nuestra promesa, nos comprometemos a ayudar a los padres en sus esfuerzos para guiar a su infante a través de una vida de fe cristiana. Por nuestra promesa, nos comprometemos a mantener nuestra iglesia como lugar sagrado, en donde todos los niños/as, puedan venir a conocer a Dios y experimentar el amor de Jesucristo. Cuando pensamos seriamente en la promesa que hacemos durante el servicio del bautismo, nos resta por concluir que realmente somos llamados a prevenir el abuso infantil y juvenil dentro de nuestras iglesias.

¿Cuántas veces usted se ha puesto a pensar en la responsabilidad sagrada que usted tiene con la juventud de la iglesia? ¿Cómo puede la iglesia librarse de tal responsabilidad? Todas las iglesias entienden que en un bautismo o en una confirmación de jóvenes o niños/as, nosotros no somos solamente espectadores, sino participantes activos. Por nuestra promesa, estamos comprometidos a enseñarles el camino de Dios y los criterios del discipulado a nuestros niños/as y jóvenes. Por lo tanto, somos llamados a estar seguros de que nuestras iglesias sean lugares donde los mismos puedan cultivar compañerismo sin tener miedo de ser abusados o maltratados. Desafortunadamente, no podemos lograr nuestra meta al simplemente abrir las puertas de la iglesia y proclamar: "¡Vamos a tener un compartir!" Hoy debemos de vivir nuestra responsabilidad organizando nuestros ministerios, de manera que los protejamos mientras ellos experimentan los misterios abstractos (que para ellos son nuevos) de la fe cristiana. Además debemos de organizar nuestros ministerios de manera que los adultos que trabajan con ellos sean protegidos de acusaciones infundadas de abuso o de comportamiento inapropiado. Sin un equipo fuerte de líderes adultos, los cuales se sientan confiados y valorados por la iglesia, el ministerio infantil o juvenil cesará repentinamente.

Cualquiera que lee los periódicos, ve la televisión o escucha la radio, sabe que el abuso y la violencia contra los niños/as o jóvenes ocurre con mucha frecuencia en nuestra sociedad. Cada día trae su historia cruel. Los reportes varían desde alegaciones de abuso sexual, hasta alegaciones de disciplinas y castigos inapropiados. Durante un período de treinta días consecutivos, tomé nota de los incidentes reportados en la prensa, observé los diferentes casos; desde abusos sexuales a un grupo de escuela intermedia por un maestro, hasta el abuso sexual de un adolescente por un exconvicto en probatoria, por haber acosado sexualmente a un menor; el acoso sexual de una niña en edad preescolar por su padrastro; la explotación pornográfica de una preescolar por sus padres, quienes ofrecieron a su hija a amistades a cambio de cocaína, y el abuso sexual de un preescolar por un maestro de la escuela dominical. Los abusos no pasaron en lugares solitarios y oscuros, sino en la propia casa del menor, en una guardería, en la escuela del niño/a, un campamento de verano o en la iglesia. Las identidades de los agresores variaban entre padres, tíos/as, amigos de la familia, maestros/as, empleados de la guardería, consejeros/as de campamentos, maestros/as de la escuela dominical y personas completamente extrañas.

No importa en qué lugar se le haga daño al niño/a o por quién, como cristianos nos afligimos por el dolor y el daño hecho, y por las pérdidas que han experimentado la víctima y su familia. Como cristianos somos llamados a superar el dolor e ir más allá para que nuestros esfuerzos sean efectivos en eliminar la posibilidad del abuso infantil dondequiera, pero específicamente en nuestras iglesias. Nuestra iglesia debe de ser el lugar más santo y seguro de los lugares más sagrados para nuestros niños/as y jóvenes, y si nuestros esfuerzos llegarán a tener éxito haremos que el evangelio sea real en las vidas de las personas más necesitadas.

Estudios de investigación han comprobado convincentemente que una gran mayoría de adolescentes norteamericanos creen en Dios. En el 1992 una encuesta conducida por "Gallup" demostró que un noventa y cinco por ciento de los adolescentes creen en Dios, cuarenta y dos oran a solas frecuentemente, treinta y seis por ciento leen las Escrituras por lo menos semanalmente y un cuarenta y cinco por ciento pertenece a algún tipo de grupo juvenil auspiciado por alguna iglesia o asisten semanalmente a servicios de adoración en una iglesia. La misma investigación indica que los jóvenes que practican su fe son personas que poseen una mayor medida de valores sociales y demuestran comportamientos más cariñosos que los jóvenes de su misma edad que carecen de participación en grupos religiosos. Aproximadamente setenta y cinco por ciento de adolescentes son miembros de grupos religiosos. Dentro de estos grupos, sesenta y dos por ciento de los miembros hacen servicio voluntario y un cincuenta y dos por ciento hacen contribuciones caritativas. Estos hechos se reflejan en los resultados de otra investigación que demuestra que la asistencia a la iglesia y la afiliación religiosa están asociadas positivamente con la preocupación por el necesitado y la buena voluntad para ayudar a otras personas. Cuando prestamos atención a resultados como estos, nos damos cuenta de que los datos verifican lo que ya sabemos intuitivamente sobre la importancia de proporcionar oportunidades para que nuestros jóvenes participen activamente en una comunidad de fe. La oportunidad de participación a la juventud dentro del ministerio de jóvenes, les provee experiencias formativas y de apoyo mientras explora y adquiere valores consistentes con nuestra fe cristiana.

Otra dimensión que necesita ser considerada: La afiliación del adolescente a la comunidad de fe es un recurso poderoso para reducir comportamientos de alto riesgo, como lo son: el uso del alcohol y las drogas, comportamientos antisociales, comportamientos sexuales prematuros e inseguros, y el suicidio. La lista de comportamientos riesgosos parece ser producto de la generación de adolescentes de hoy día o de generaciones pasadas. Los adultos de hoy pueden recordar el haber tenido que tomar decisiones sobre el uso ilegal de drogas y alcohol, sobre comportamientos sexuales inseguros y hasta el suicidio. Sin embargo, los adultos también saben que los adolescentes que enfrentan estos retos están muchas veces haciéndolo sin los recursos necesarios para ayudarles. Esta realidad hace la disponibilidad de *Santuarios seguros* más crucial para nuestro ministerio de jóvenes.

LA AFILIACIÓN DEL adolescente a la comunidad de fe es un recurso poderoso para reducir comportamientos de alto riesgo...

La organización "Gallup" en la investigación mencionada anteriormente, encontró que los jóvenes relacionados con las iglesias son más propensos a abstenerse del alcohol y las drogas, de relaciones sexuales inseguras y menos propensos a cometer suicidio. La encuesta del 1992 demostró que el uso y el abuso del alcohol es de un treinta por ciento dentro de las familias con adolescentes. En el 1993, el Centro Nacional para la Estadística de la Salud (The National Center for Health Statistics) reportó que el suicidio es la segunda causa principal de muerte entre los niños/as y jóvenes menores de veintiuno. Además, se estimó que por cada caso de suicidio, de cincuenta a cien intentos de suicidio son hechos por adolescentes. El Centro de Seguridad de la Escuela Nacional (The National School Safety Center) reporta que los crímenes cometidos contra los niños/as y jóvenes en las escuelas incluye aproximadamente a 282,000 estudiantes, quienes son físicamente atacados en nuestras escuelas secundarias cada mes.

En el mundo de hoy, sería casi imposible no escuchar sobre los incidentes de abuso y violencia en contra de nuestra juventud. Casi todos los agresores son personas conocidas por las mismas víctimas. La gran mayoría de los agresores son adultos en quienes las víctimas dependen física y emocionalmente. En el año 2000, tres millones de incidentes de abuso fueron reportados en los Estados Unidos de América. Tan impresionante como suena este número, esos tres millones de incidentes reportados involucraron casi cinco millones de niños/as y jóvenes. Expertos en la defensa de niños/as estiman que seis millones de incidentes adicionales no son denunciados cada año. Estos incidentes suceden frecuentemente y cada día traen más horror a la luz. A pesar de que el abuso y la violencia en contra de niños/as y jóvenes ha existido en Atlanta (dónde yo vivo) y probablemente en cada comunidad durante mucho tiempo, he observado varios patrones que se han desarrollado últimamente. Primero, hay considerablemente más cobertura de noticias sobre tales abusos e incidentes de violencia. En segundo lugar, hay más y más juicios a nivel local, estatal y federal de crímenes en contra de niños/as y jóvenes. En tercer lugar, hay informes casi diariamente de violencia y abuso perpetrados en contra de los menores de las iglesias por personas conocidas, de confianza y respetadas por las víctimas. Y en cuarto lugar, las víctimas de tales abusos en las iglesias, sus familias y sus abogados, están más y más dispuestos a buscar compensación por la cooperación del proceso criminal y al seguir el litigio en contra de los autores de los crímenes y las iglesias.

La cobertura de noticias en contra del abuso de menores en el pasado ha incluido historias de sacerdotes u otros clérigos/as que abusaron de niños/as y adolescentes en sus iglesias, un director juvenil que abusó de una adolescente en el autobús utilizado para la transportación de jóvenes, un director de actividades que abusó sexualmente a participantes del programa de deportes de la iglesia, y un consejero de un campamento de la iglesia que abusó sexualmente de un miembro del campamento. Esta lista no es exhaustiva; simplemente ilustra el hecho innegable de que debemos trabajar más fuerte que antes para proteger a nuestros niños/as y jóvenes bajo nuestro cuidado, reconociendo que cualquiera que haya sido los esfuerzos hasta este día, son sólo el comienzo. Debemos también reconocer que nuestros esfuerzos para proteger a nuestros menores también protegerán a los adultos que trabajan con los mismos.

LA MAYORÍA DE LOS AGRESORES son adultos en quienes las víctimas dependen física y emocionalmente.

Muchas de las congregaciones que conozco, se destacan en proveer ministerios con la niñez y juventud que nutren su fe, como: la escuela dominical, estudios bíblicos, estudios de confirmación, y otros eventos educativos. Muchas de las iglesias también proveen ministerios que perfeccionan a la juventud en amor a través de proyectos de servicio, oportunidades de compañerismo, viajes misioneros, retiros y otras cosas similares. Y, ¿qué sobre confirmar su esperanza? ¿Cómo su iglesia trata esta faceta de su responsabilidad con la juventud? En sólo unas oraciones hemos demostrado que el mundo de hoy es frecuentemente uno enemistoso y peligroso para nuestros jóvenes. Los jóvenes enfrentan la posibilidad de violencia y abuso en casa, en la escuela, en la calle y en cualquier lugar. Sin embargo, la juventud que tiene conexión con una comunidad de fe, parece tener mayor fuerza para enfrentar estas circunstancias tan difíciles. Ellos parecen tener un mayor nivel de destrezas de resistencia y una mayor cantidad de optimismo para saber que los apuros no son el final de todo. En otras palabras, ellos tienen más esperanza de que las situaciones de hoy, así sean de abuso de parte de los padres, violencia en general, o alguna otra cosa, son temporeros y el futuro será saludable y bueno. Yo pienso que la explicación a esto es que la juventud involucrada en una comunidad de fe es bendecida en sus interacciones con otros, a través de un número de líderes quienes durante el paso del tiempo han modelado una vida cristiana diaria brindándoles abrigo, cuidado y compasión. A la luz de los factores y las estadísticas aquí citadas, así como la corriente constante de informes noticiosos, llegamos a la conclusión de que el proveerles a los ministerios infantiles y juveniles *Santuarios seguros* ayuda a reducir el riesgo del abuso dentro de la iglesia y equipa a la niñez y juventud con la fe y esperanza que necesitan para enfrentar el presente y el futuro.

El espectro completo del problema del abuso y violencia en contra de niños/as y jóvenes es muy extenso para ser abarcado más ampliamente aquí. Para nuestro propósito, tenemos que limitar nuestro enfoque a la prevención del abuso en la iglesia y sus ministerios. Reconociendo esto, no significa que no hay mucho que considerar. El mensaje del evangelio claramente llama a que nuestras comunidades de fe se dediquen a ministerios que sean de bendición, sostén y compasión. Nuestra sociedad necesita nuestras comunidades de fe para abrigar a nuestros niños/as y jóvenes con amor firme, para que ellos y ellas sean fuertes en los retos y las decisiones venideras. La planificación para *Santuarios seguros* dentro de los ministerios requiere que nos enfoquemos en varios grupos: niños/as, jóvenes, empleados a su cargo, y la iglesia como una congregación completa. La planificación para niños/as y jóvenes incluye todo lo concerniente a su nivel educativo. La planificación para empleados que trabajan con niños/as y jóvenes incluye: pastores/as, ministros/as y directores/as, maestros/as de la escuela dominical, orientadores/as, instructores/as de música, empleados de campamento, líderes de retiros, y hasta aquellos que substituyen a los maestros/as o empleados cuando están ausentes. La planificación para la congregación incluye a la Junta de Síndicos, el Comité de Relaciones Pastor-Parroquia y muchos otros.

...SANTUARIOS SEGUROS ayuda a reducir el riesgo del abuso dentro de la iglesia y equipa a la niñez y juventud con la fe y esperanza que necesitan para enfrentar el presente y el futuro.

Tipos de abuso en contra la niñez y juventud

Generalmente, el abuso incluye cinco categorías: abuso físico, abuso emocional, negligencia, abuso sexual y abuso ritual. La resolución aprobada por la Conferencia General de la Iglesia Metodista Unida establece que todas las congregaciones deben de trabajar para prevenir todas estas formas de abuso. Aunque típicamente pensamos en niños/as cuando pensamos en estas clases de abusos, los jóvenes también pueden ser víctimas de cada uno de estos abusos.

Abuso físico

Este es el abuso en el cual una persona deliberada e intencionalmente causa daño físico a un niño/a o a un/una joven. Ejemplos pueden incluir: golpes violentos con el uso de un arma (cuchillo, correa/cinturón, tira, etc.), quemaduras, sacudidas, patadas, ahogo, fractura de huesos, o cualquier otra herida al cuerpo de la víctima, que no haya sido causada accidentalmente.

Abuso emocional

Este es el abuso en el cual una persona expone a un niño/a o a un joven a violencia verbal, violencia no verbal o crueldad emocional. El abuso emocional envía un mensaje al niño/a o al joven de que él o ella no vale nada, que no es amado, ni digno de ser amado o cuidado. Los menores expuestos al abuso emocional pueden experimentar el ser privados de todo tipo de cariño paternal o maternal, son encerrados en un armario o en lugares confinados, constantemente llamados malos, estúpidos o forzados al abuso del alcohol o sustancias como las drogas. Este tipo de abuso es difícil de probar y sus consecuencias son devastadoras para la víctima.

Negligencia

Este es el tipo de abuso en el cual una persona pone en peligro la salud, la vida o el cuidado de un menor debido a negligencia. Puede incluir el no proveerle alimentos, la asistencia médica, el afecto, e incluso la educación para destruir el sentido de autoestima y valor propio del menor. Éste quizás sea la forma más frecuente de abuso. Aunque muchas veces es difícil de probar, los informes de negligencia de estas víctimas no deben ser ignorados.

Abuso sexual

Este es el tipo de abuso en el cual hay contacto sexual entre un menor y un adulto (o por otra persona mayor o por otro jóven más fuerte). La víctima es incapaz de resistir tal contacto o acto sexual. A menudo, el niño/a o el joven es física y psicológicamente dependiente del agresor (por ejemplo, sus padres). Además, la víctima muchas veces es psicológicamente dependiente del agresor (como por ejemplo: un maestro o un ministro de jóvenes). Ejemplos del abuso sexual pueden incluir: tocar las partes íntimas, relaciones sexuales, incesto, explotación o exposición a pornografía infantil o prostitución.

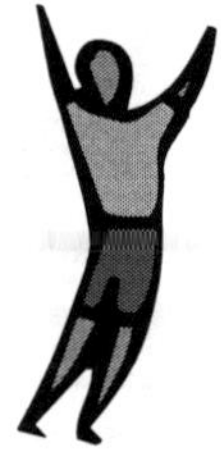

GENERALMENTE, el abuso incluye cinco categorías:

—Abuso físico

—Abuso emocional

—Negligencia

—Abuso sexual

—Abuso ritual

Abuso ritual

Este es el tipo de abuso en el cual violaciones son infligidas regular e intencionalmente a un menor de manera física, sexual o psicológicamente por alguien (o múltiples personas) responsables por su bienestar. Típicamente, el agresor puede apelar a algún tipo de autoridad superior para justificar su abuso. Ejemplos del abuso ritual puede incluir: tratamiento cruel de animales o amenazas repetitivas de abuso físico o sexual a la víctima o a las personas relacionadas a la víctima. Cuando se reportan informes de abuso ritual son casi siempre horripilantes. Tales informes quizás sean muy espantosos para ser ciertos. Sin embargo, cualquier niño/a o joven que haga tales informes no debe ser ignorado.

El abuso puede ocurrir en cualquier lugar

Cuando un menor reporta que él o ella ha experimentado los comportamientos detallados en estas descripciones, se le debe prestar la más seria atención. Mientras que no todas las historias reportadas por los niños/as o jóvenes sean casos de abuso, la verdad debe de ser determinada para prevenir más daño del menor o más alegaciones falsas.

El abuso infantil o juvenil es una acto criminal y es castigado severamente en cada estado de los Estados Unidos. A pesar de que cada estado tiene su propia definición legal, en términos generales, el abuso infantil y juvenil explota y hace daño a los menores involucrándolos en conductas sexuales para las cuales ellos no están preparados, no pueden resistir ni protegerse.

La víctima ni es la causante del abuso ni se le debe responsabilizar del mismo. La víctima nunca sería capaz de consentir la conducta abusiva, de ninguna forma legal o moral. El abuso ya sea infantil o juvenil siempre es incorrecto y la responsabilidad total cae sobre la persona agresora. En muchos casos, el agresor, quien es confrontado responde defensivamente, diciendo cosas como: "¿Qué abuso? ¡Ella lo deseó!" O, "¿Qué abuso? El necesitaba amor y yo se lo di." Respuestas como éstas no deben de distraernos del hecho que la víctima lo más seguro era dependiente del agresor de alguna manera, y no pudo defenderse en contra de los actos del agresor. Por ejemplo, la víctima es un estudiante quien tiene miedo a ser rechazado por el maestro/a o entrenador/a y el mismo lo llevará a situaciones indeseables en su clase o en el grupo. Otro panorama desafortunado es que un joven es seleccionado por un ministro o un consejero de jóvenes para atención especial. Una vez se informa el abuso, la repuesta inicial del agresor sería algo como: "Yo nunca abusaría de alguno de mis jóvenes. Ella estaba pasando un momento difícil en su casa, y yo sólo estaba tratando de ayudarla." Otra respuesta común es: "Él/ella necesitaba de una relación cariñosa para aprender del amor de Dios, y yo le enseñé la voluntad de Dios." Es innecesario decir que el abuso de un menor nunca es reflejo de la encarnación de la voluntad de Dios en la fe cristiana. Además, tal afirmación no es y no debe de ser una defensa aceptada a una acusación de abuso.

La iglesia debe y ciertamente puede trabajar para asegurar a los menores y a sus familias que el abuso de menores no será tolerado

LA VÍCTIMA ni es la causante del abuso ni se le debe responsabilizar del mismo.

o ignorado en la comunidad de fe. La iglesia puede demostrar su compromiso de proveer un lugar santo y seguro dónde todos los niños/as y jóvenes puedan crecer en fe y sabiduría, actuando seriamente en el desarrollo y la implantación de la política y estrategias de prevención contra el abuso de menores. En los últimos años, las congregaciones metodistas unidas han hecho un progreso significativo en desarrollar tales estrategias con énfasis en los ministerios con la niñez. Hoy, ha llegado el momento de ir un poco más allá y desarrollar estrategias apropiadas para la prevención del abuso de nuestra juventud.

A menudo, cuando las congregaciones están considerando por primera vez el desarrollo de un plan preventivo contra el abuso infantil o juvenil, uno de sus miembros puede responder: "Bueno eso es tonto. Una cosa tan horrible como esa nunca pasaría en esta iglesia." O: " Yo creo que están exagerando este tema — simplemente porque ocurre en las iglesias grandes de la ciudad no quiere decir que vaya a ocurrir aquí." O: "Bástale a uno con lo difícil que es reclutar voluntarios para que trabajen en la escuela dominical y con los jóvenes... y con lo que los necesitamos." "Si comenzamos a hacerles preguntas a los trabajadores y pretender que firmen un pacto, los vamos a auyentar y entonces, ¿qué vamos a hacer? O: "Yo no veo la importancia de esto, ya que nosotros no tenemos niños/as o jóvenes que vienen a nuestra iglesia con frecuencia."

Comentarios como estos no solamente demuestran nuestra apatía para admitir que las tragedias de abuso son reales para muchos niños/as y adolescentes, pero también reflejan nuestra completa repulsión al pensamiento que crímenes como estos puedan ocurrir dentro de nuestras iglesias, ¡el lugar más santo de todos! Quizás comentarios así, nos revelan nuestro optimismo persistente de que "en nuestra iglesia" no pueden ocurrir atrocidades como éstas.

Durante el trabajo de formular estrategias para la prevención del abuso, los miembros inevitablemente aprenderán de que ninguna iglesia está inmune de los horrores del abuso simplemente porque quiera estarlo. Mientras progresa el trabajo, quizás oiga de un incidente en la iglesia al frente o quizás algún miembro de la congregación revele que es un sobreviviente del abuso infantil; o el padre de un joven informe al pastor algún supuesto incidente de abuso. En éste o en otro caso dado, la tarea de la congregación adquirirá un nuevo y más profundo sentido de importancia.

Conozcamos los hechos

Cuando el abuso de niños/as y jóvenes ocurre en nuestro vecindario [barrio, colonia], capta nuestra atención y algunas veces sirve como agente catalizador de una manera que las estadísticas no pueden. No obstante, es importante conocer algunas de las estadísticas:

- "Childhelp USA", una de las organizaciones sin fines de lucro más grande y antigua dedicada al trato y prevención de abuso infantil, informa que en el año 2000 aproximadamente tres millones de niños fueron reportados a agencias de servicio de protección y abuso infantil en los Estados Unidos. Este número representa a niños/as y jóvenes hasta la edad de dieciocho

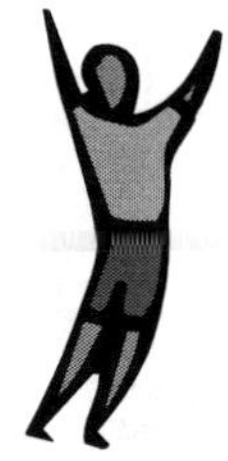

...NINGUNA IGLESIA ESTÁ inmune de los horrores del abuso simplemente porque quiera estarlo.

años. (Estas estadísticas fueron recopiladas por el Departamento de Salud y Servicios Humanos, Oficina de Asuntos de la Niñez – U. S. Department of Health and Human Services, Children's Bureau). Además, los tres millones de incidentes reportados implicaron realmente el bienestar de aproximadamente cinco millones de niños bajo la edad de dieciocho. Por lo tanto, la incidencia real de abuso puede ser tres veces mayor que el número de incidentes divulgados a las autoridades.

- Los estudios estiman que una de cada tres niñas es abusada sexualmente antes de la edad de dieciocho años. Igualmente los estudios indican que uno de cada siete niños será abusado sexualmente antes de la edad de dieciocho años. Aún más alarmante es el saber que estos números están muy por debajo de la realidad, ya que muchos menores son reacios a reportar el abuso.

- "Childhelp USA" también informa que aproximadamente 1,200 muertes son atribuidas al abuso y a la negligencia de niños/as cada año. Este número incluye muertes atribuidas a jóvenes por abuso físico, abuso sexual, negligencia o abuso emocional; sin embargo, casi todos los menores que mueren son de una edad de menos de seis años. Ese número de muertes iguala a más de tres niños/as y jóvenes que mueren cada día.

Reflexionemos sobre el primer número reportado: tres millones de incidentes de abuso cada año. ¡Eso equivale a 8,219 jóvenes o niños/as abusados cada día; 342 abusados por hora; casi 6 (5.7) abusados cada minuto; y uno abusado cada 10 segundos cada hora, cada día, incluyendo el sábado.

La iglesia en riesgo

A la luz de estas estadísticas, parece ser que cualquier organización relacionada con niños/as o jóvenes es un lugar donde el abuso podría ocurrir. ¿Qué factores contribuyen a que la iglesia esté en alto riesgo? Aquí mencionamos algunos.

- Las iglesias actúan generalmente como organizaciones con un alto nivel de confianza entre sus miembros, confiando en que sus miembros y líderes se comportarán siguiendo el modelo de Jesucristo. Muchas veces esta actitud de confianza persiste ante la duda, preguntas o informes de mala conducta.

- Las iglesias son famosamente pasivas e inactivas en cuanto a investigar a sus empleados o voluntarios que trabajan dentro de la iglesia con los niños/as o jóvenes. A menudo, no se hace ningún tipo de investigación sobre sus trasfondos personales, antes de darle la bienvenida a extraños como nuevos líderes voluntarios.

- Las iglesias continuamente proveen oportunidad para que las personas puedan tener contacto cercano o relaciones con los niños/as y jóvenes. Tales relaciones se animan a veces sin dar a los trabajadores la suficiente educación y adiestramientos en establecer y mantener límites interpersonales sanos y apropiados con los niños/as y jóvenes.

Simultáneamente con la necesidad creciente de tener un

TRES MILLONES DE INCIDENTES de abuso cada año equivale a 342 abusados por hora; casi 6 (5.7) abusados cada minuto; y uno abusado cada 10 segundos...

número mayor de personas trabajando con la niñez y la juventud, también ha crecido el número de litigios contra la iglesia, debido a incidentes de abuso infantil, abuso sexual de jóvenes y demandas de conducta sexual inapropiada de parte del clero. Hoy en día, casi cada estado de la nación tiene algún tipo de reglamento establecido para reportar los abusos. Esto, junto con la atención implacable enfocada por los medios noticiosos en las víctimas y en las iglesias, ha aumentado el número de cargos criminales contra los acusados, al igual que el número de demandas civiles por daños a causa del sufrimiento de las víctimas. Estas demandas civiles a menudo son llamadas demandas múltiples, donde incluyen al agresor, a la iglesia local donde el acusado agresor era empleado o voluntario, y a la conferencia anual de la iglesia. En demandas como éstas, la víctima (demandante) generalmente reclama que un individuo la abusó sexualmente y que la iglesia y la conferencia anual fueron negligentes en contratar y supervisar al agresor, de esta manera aumentando la posibililidad de que el niño/a o el joven fuera lastimado.

El concepto de inmunidad eclesiástica, que durante muchos años protegió la iglesia de casos de litigio y demandas, ya no sirve de protección en los casos de abuso o conducta sexual inapropiada. En el pasado, nuestra sociedad proveía inmunidad de demandas a las organizaciones tales como las iglesias que proporcionaban servicios caritativos a la comunidad. En otras palabras, las iglesias estaban protegidas en contra de demandas porque su valor a la sociedad en su totalidad era mayor que cualquier demanda por daños que algún individuo pudiera hacer. Hoy, el público y las cortes consideran que el daño infligido a un menor, es demasiado grande para pasar desapercibido o sin castigo. Con frecuencia, el castigo toma forma financiera en veredictos judiciales, donde grandes cantidades de dinero son adjudicadas a la víctima por el agresor o la institución donde él trabajó u ofreció servicios voluntarios. Estas indemnizaciones por daños varían desde miles a millones de dólares. A menudo, el jurado exige indemnización, la cual excede al valor de la cubierta del seguro de la iglesia, dejando a la iglesia en peligro de no poder continuar el ministerio. Mientras que la iglesia no puede garantizar la seguridad de cada persona dentro de su comunidad y ministerios, cada iglesia puede ser responsable en reducir o eliminar las circunstancias que puedan producir daños.

El reconocer y comprender que la frecuencia en que ocurre el abuso de jóvenes y niños/as es solamente una parte de la tarea. En cada congregación local, debemos de saber reconocer también los indicadores del posible abuso y aprender maneras seguras de llevar a cabo nuestros ministerios sin proveer oportunidades innecesarias para que los agresores lastimen a nuestros niños/as o jóvenes. Además, debemos de entender los requisitos de las leyes del estado para reportar la sospecha de incidentes y desarrollar un plan de seguimiento de estos requisitos cuando se presente la necesidad.

La iglesia no debe enfrentar la realidad del abuso como una razón para descontinuar sus ministerios con la niñez y juventud. Ahora más que nunca, los menores de nuestra comunidad necesitan la dirección de modelos cristianos que los equipen con la fuerza espiritual necesaria para hacerle frente a los desafíos diarios en las escuelas, trabajos y arenas sociales. Debemos ocuparnos de que

EL CONCEPTO DE INMUNIDAD ECLESIÁSTICA, que durante muchos años protegió la iglesia de casos de litigios y demandas, ya no sirve de protección en los casos de abuso o conducta sexual inapropiada.

nuestros ministerios se lleven a cabo de la manera más segura posible. Como miembros de la comunidad de fe, somos llamados a recordar el pacto hecho con cada niño/a en su bautismo y con cada joven en su confirmación. Recordemos el llamado de hacer de la iglesia un lugar santo y seguro, donde los menores puedan fortalecer su fe para que luego sean jóvenes adultos saludables.

Indicadores del abuso

Los menores que sufren de abuso, a menudo no lo comentan con nadie. Por lo tanto es importante poder reconocer las señales del abuso. Las siguientes características pueden ser indicadores de abuso, aunque no son necesariamente pruebas de ello. Individualmente, cualquiera de estos indicadores puede ser indicio de algún problema más o menos serio. Cuando estos indicadores se observan en un menor, se pueden considerar como indicios de alerta y peligro, y nos deben guiar a investigar la situación más profundamente.

Posibles indicios del abuso físico

1. Comportamiento hostil o agresivo hacia otros;
2. Temor o miedo a los padres u otros adultos;
3. Conducta autodestructiva, hacia otras personas o propiedades;
4. Fracturas o lesiones inexplicables e inapropiadas al nivel del crecimiento del menor;
5. Quemaduras, lesiones faciales, patrón de golpes frecuentes.

Posibles indicios del abuso emocional

1. Evidencia de depresión aguda o de aislamiento;
2. Carencia severa de una sana autoestima;
3. Falta de autodeterminación;
4. Amenaza o intento de suicidio;
5. Desórdenes alimenticios e impedimento del habla;
6. Búsqueda continúa de aprobación adulta;
7. Patrones extremos de conducta pasiva o agresiva.

AHORA MÁS QUE NUNCA, los menores de nuestra comunidad necesitan la dirección de modelos cristianos que los equipen con la fuerza espiritual necesaria para hacerle frente a los desafíos diarios en las escuelas, trabajos y arenas sociales.

Notas:

LOS MENORES que sufren abuso a menudo no lo comentan con nadie.

Posibles indicios de negligencia

1. Inhabilidad de vestir apropiadamente para el clima;
2. Hambre insaciable al punto de robar o mendigar;
3. Depresión;
4. Condiciones médicas desatendidas;
5. Poca o ninguna higiene.

Posibles indicios del abuso sexual

1. Comportamiento o conocimiento sexual adelantado para el nivel y desarrollo del menor;
2. Depresión – llanto frecuente sin motivo alguno;
3. Conducta promiscua;
4. Se fuga del hogar y no desea regresar;
5. Dificultad para andar o sentarse;
6. Sangre o moretones en el área vaginal o anal;
7. Frequentes dolores de cabeza, estómago, falta de energía;
8. Enfermedades venéreas.

Además los menores abusados sexualmente en la iglesia, muestran algunas de las siguientes conductas.

1. Nerviosismo o ansiedad al ser dejados solos o solas en la guardería infantil o al ir a la escuela dominical;
2. Renuentes a participar en actividades de la iglesia, en las cuales previamente habían mostrado entusiasmo;
3. Comentarios como: "Yo no quiero estar a solas con _________", refiriéndose a algún voluntario o maestro de la escuela dominical;
4. Pesadillas donde aparece un empleado de la guardería o una maestra de la iglesia, como la figura alarmante o dañina;
5. Una inexplicable hostilidad hacia los empleados/as de la guardería o a los maestros/as.

Posibles indicios del abuso ritual

1. Desorientación o interrupción momentánea de memoria;
2. Falta de confianza, altas y bajas emocionales;
3. Retrospección;
4. Desórdenes alimenticios;
5. Miedo a la oscuridad, especialmente al atardecer o cuando hay luna llena;
6. Agitación, ansiedad o desesperación que parece ocurrir en ciclos;
7. Miedo a pastores, sacerdotes o personas que usan togas o uniformes;
8. Pesadillas o desórdenes del sueño;

9. Cualquier síntoma de abuso sexual.

El abuso de menores ocurre a cada minuto del día y en cualquier comunidad. Ocurre en todo grupo económico, social, étnico, religioso o demográfico. Ningún segmento de nuestra sociedad está inmune o intocable. Como cristianos somos llamados a proteger a nuestros niños/as y jóvenes en nuestro medio y de prevenir el abuso dentro de la comunidad de fe. Para muchas iglesias esto parece ser una tarea imposible. Sin embargo, hay ciertas acciones específicas que pueden ser tomadas fácilmente, y con planificación apropiada permiten que la congregación siga adelante en proveer *Santuarios seguros* para sus ministerios con la niñez y juventud. Estos planes y acciones están detallados en los capítulos siguientes.

Agresores: ¿Quiénes son?

Para prevenir el abuso en nuestras iglesias, no solamente es necesario reconocer las señales de abuso, sino también reconocer que estos agresores a menudo son adultos en los cuales nuestros menores confían. Menos del veinte porciento de los abusos perpetrados son por personas desconocidas. En otras palabras, en más de tres cuartas partes de los incidentes de abuso reportados, encontramos que la víctima tenía algún tipo de relación con su agresor.

Las víctimas de abuso sexual y los agresores provienen de cualquier segmento de nuestra sociedad. Éstos pueden encontrarse en todo grupo social, étnico o económico. Cuando son identificados, se asemejan a muchos de nosotros. Los agresores pueden ser líderes carismáticos, especialmente aquellos que trabajan con los menores. Son sociables y dispuestos a incluir a los jóvenes en eventos sociales de adultos, y muchos son comprensivos con los adolescentes que tienen problemas. Los agresores pueden estar casados y tener hijos, algunos están solteros o son jóvenes adultos o personas mayores. Dentro de mi comunidad, en los últimos años, los agresores han sido identificados como capellanes de centros de detención de jóvenes, padres adoptivos, maestros, entrenadores, directores del ministerio de recreos de la iglesia, ministros de niños o jóvenes y pastores/as. En otras palabras, la variedad es ilimitada.

¿Quiénes son los aqresores dentro de nuestras iglesias? Pueden ser maestros/as de la escuela dominical, trabajadores de la guardería infantil, maestros/as de preescolares, ayudantes del coro juvenil, líderes de la escuela bíblica de verano, orientadores/as de campamentos o consejeros juveniles, clero o de cualquier otro oficio dentro de la iglesia.

¿Cómo ocurre el abuso?

El abuso ocurre cuando una persona impone su autoridad y poder sobre un menor de edad, de manera que lo lastima o explota. Se podría decir que el agresor es poderoso porque él o ella tiene mucho más recursos que la víctima, y el menor quizás es vulnerable de muchas maneras. El agresor adquiere poder sobre la víctima usando múltiples fuentes: tamaño, posición, conocimiento, dinero, por nombrar algunos. Todos estos factores contribuyen a que el agresor crea que él o ella puede comportarse abusivamente hacia el menor y que la víctima no puede rechazar o parar el comportamiento

LAS VÍCTIMAS DE ABUSO sexual y los agresores provienen de cualquier segmento de nuestra sociedad. Éstos pueden encontrarse en todo grupo social, étnico o económico.

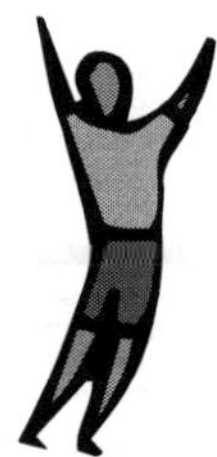

EL ABUSO OCURRE CUANDO
una persona impone su
autoridad y poder sobre un
menor de edad, de manera
que lo lastima o explota.

del agresor. Si el menor es físicamente más pequeño, más débil, intelectualmente menos maduro y económicamente dependiente del agresor para su sustento, el agresor puede tomar ventaja de las circunstancias. Cuando la vulnerabilidad del menor y el abuso de poder del adulto se combinan, se presenta la oportunidad para explotar al menor sin ser descubierto, y el abuso sexual puede ocurrir, y muchas veces ocurre. *En el caso de los jóvenes*, los ministerios planificados y diseñados para minimizar las posibilidades de aislamiento individual de adolescentes y oportunidades para que los líderes adultos exijan secretos entre ellos, proveerá mayor protección tanto para los jóvenes como para los trabajadores.

Los miembros de nuestras iglesias rechazan la idea de que una persona dentro de la escuela dominical o algún otro ministerio pueda o quiera hacerle daño a un menor. Tampoco nos gusta pensar que haya alegaciones falsas de abuso en la iglesia. No obstante, sin una estrategia bien planificada y completa en contra del abuso infantil, estamos tomando un riesgo innecesario de que se le haga daño a uno de nuestros niños/as y jóvenes, y empleados.

Es imperativo que nuestras iglesias no implanten una política de prevención contra el abuso de menores, la cual sea dirigida a una categoría de personas. Las estrategias deben de ser apoyadas por toda la congregación, y llevadas acabo aplicando las mismas políticas y requisitos a cada trabajador involucrado en el ministerio con niños/as o jóvenes, incluyendo el clero. Cuando una congregación adopta una "política de prevención" contra el abuso y la emplea sólo a profesionales o al personal pagado, aprueba un plan destinado a fracasar total o parcialmente. Eximir a muchas personas de la política crea oportunidades para que los agresores tengan acceso ilimitado a nuestros menores.

Las consecuencias del abuso sexual

Cuando un menor es abusado sexualmente dentro de nuestra iglesia, muchas son las víctimas: el menor, su familia, la congregación y la familia del agresor. Por ejemplo, si el ministro de jóvenes abusa sexualmente de una joven de escuela secundaria y ésta informa el abuso, ella puede estar físicamente lastimada y traumatizada. Puede ser que otros no crean que una cosa semejante pueda pasar y duden de ella. Su familia puede estar indignada, asustada y posiblemente otros duden de ellos dentro de la comunidad de fe. La congregación por sí misma se dividirá probablemente en facciones de acuerdos: aquellos que le creen a los jóvenes y aquellos que le creen al agresor acusado. Tales divisiones suelen durar años. Finalmente, la familia del agresor pudiera sufrir consecuencias devastadoras, como la pérdida de ingreso y la posibilidad de que el agresor sea sentenciado a prisión.

Es de suma importancia atender al menor que ha sido lastimado. La inocencia del menor ha sido robada. El trauma del abuso puede ocasionar tanto daño emocional, como físico, y esas cicatrices pueden durar toda una vida. Cuando el abuso sexual es causado por una persona de confianza en la iglesia, el daño es aun mayor, porque afecta la fe del menor en Dios y en la iglesia. El menor puede encontrarse luchando con preguntas como: "¿Si Dios nos ama a todos, cómo pudo permitir que esto me ocurriera?" O: "¿Cómo los miembros de esta congregación siguen orando y cantando cada semana y actuando como si nada hubiera pasado?".

Para un joven, esto es una reacción fuerte y común. Las experiencias de abuso dentro de la iglesia crean obstáculos masivos al desarrollo de una fe viva y de sostén. Para un joven que está explorando la importancia de hacer un compromiso de fe en su vida, tal abuso podría destruir su deseo de participar en la comunidad de fe. Esta consecuencia no es menos importante que las heridas físicas, la depresión, el temor y la carencia de una sana autoestima que se desarrollan después de un abuso sexual. Para la víctima y la comunidad de fe, todo esto es devastador.

La congregación también se convierte en víctima una vez el abuso sale a luz pública. Los miembros se quedan atónitos de que tal crimen haya sido perpetrado en medio de ellos, y están humillados por su fracaso de mantener la iglesia como un lugar santo y seguro para los niños/as y jóvenes. Los miembros se sienten incompetentes para ayudar al menor en su proceso de sanidad. Están furiosos de que la persona la cual ellos recibieron fuera capaz de violar el mandato del evangelio, al abusar de algún menor. Muchas veces la congregación se divide cuando comienzan a analizar cómo va a enfrentar los problemas creados por el incidente. Agonizan al desarrollar estrategias para la seguridad y cómo proveer ministerios para la sanidad y el cuidado de la víctima y su familia.

Además, la congregación puede pasar por un período largo de sufrimiento, si se levantan cargos criminales o civiles como resultado del incidente. El litigio en las cortes puede mantener el incidente vivo por meses, y hasta años, y el aspecto emocional puede ser más difícil de resolver. En este año pasado, hemos visto informes noticiosos a diario sobre las consecuencias y el costo de litigios civiles y criminales en las cortes, donde iglesias y el clero han estado involucrados y acusados de abusos sexuales. Se ha observado un aumento en los juicios por abuso este año pasado. Las condenas varían en sentencias de diez años hasta cadena perpetua para el demandado. Sin embargo, no podemos decir todavía que el patrón de juicios criminales está reduciendo el número de demandas civiles en contra de las iglesias por sus negligencias al reclutar, retener o supervisar adecuadamente a sus empleados. Actualmente, en una denominación hay tantas demandas pendientes, que ha hecho saber la posibilidad de la bancarrota. Los procesos criminales pendientes y las demandas civiles, junto con un posible procedimiento de bancarrota, consumirán absolutamente los recursos de esta iglesia para el futuro. Mientras tanto, las congregaciones sufrirán mientras los recursos del ministerio disminuyen y la confianza es defraudada. En última instancia, tal situación puede conducir no sólo a la bancarrota financiara, sino a una bancarrota espiritual, la cual será aún más difícil de recuperar que la misma ruina financiera. Como resultado de tantos informes divulgados y tantas situaciones similares, hemos creado consciencia de los efectos a largo plazo, del tiempo perdido y el costo de los litigios de las iglesias y las conferencias anuales de la Iglesia Metodista Unida.

Desde la tragedia del 11 de septiembre de 2001, ha surgido otro efecto costoso por el abuso sexual dentro de las iglesias. Las pérdidas de los seguros por los dichos eventos y las reclamaciones por abusos sexuales en las iglesias durante los años 2001-2002 ha forzado a algunas compañías de seguros a notificar a sus iglesias la descontinuación de la cobertura por reclamaciones de abuso sexual

EL ABUSO EN LA IGLESIA
genera muchas víctimas:
—El menor
—La familia del menor
—La congregación
—La familia del agresor/a

Notas:

de menores o conducta inapropiada del clero. Si la compañía de seguro no ha cancelado tal cubierta, es probable que reduzca el valor en dólares de la cubertura, y requieran que la iglesia presente un plan completo de cómo evitar los riesgos de abusos antes de continuar proveyendo una póliza.

A pesar de que el litigio criminal o civil es muchas veces necesario en tales circunstancias, el proceso no provee lo que se necesita para la sanidad de los miembros de la iglesia. Para esta sanidad, la comunidad de fe debe de profundizar en sus fundamentos bíblicos y encontrar la fuerza para vencer la maldad, el miedo y falta de conocimiento sobre el abuso. La iglesia tiene que renovar su compromiso de vivir el evangelio y proveer oportunidades de crecimiento para los niños/as y jóvenes.

Finalmente, las consecuencias económicas del abuso sexual en la iglesia no pueden ser ignoradas. Mientras van en aumento los informes de abusos y demandas, el costo financiero de los mismos va creciendo drásticamente. La víctima de abuso sexual y sus familiares son impactados por los costos médicos y de consejería, que aumentan cada año. La iglesia sólo necesita pedirle a su agente de seguros las últimas estadísticas de las cantidades pagadas por las iglesias, ya que las reclamaciones o veredictos en tales casos cuestan cantidades astronómicas –varían entre miles a millones de dólares. Hasta para iglesias que no han tenido que enfrentar una reclamación o una demanda por abuso sexual, el costo del seguro por tales reclamos ha aumentado drásticamente en este último año. Según el Non-Profit Risk Management Center, el costo de la prima para este tipo de seguros ha aumentado de un 10 a 100 por ciento.

Ninguna iglesia puede asumir el costo financiero, ético o moral por no haber implantado un programa de prevención del abuso sexual de menores. Como cristianos no hemos sido llamados a descontinuar nuestros ministerios con la niñez y la juventud; sino llamados a servir a estos ministerios sanos con gran regocijo y el conocimiento de que estamos haciendo todo lo posible para proveer ministerios a nuestros niños/as y jóvenes, mientras crecen en la fe que les sostiene.

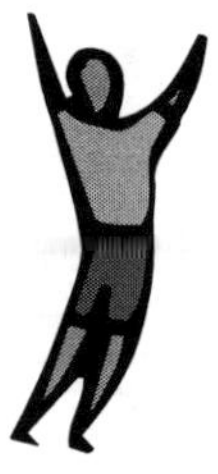

Reclutamiento, selección y el empleo de trabajadores

CUANDO UNA CONGREGACIÓN decide desarrollar e implantar un programa completo de estrategias para prevenir el abuso sexual de menores, debe comenzar por desarrollar procedimientos adecuados para reclutar, verificar referencias y emplear a las personas que van a trabajar con los menores. A pesar de que se adopten otros procedimientos de seguridad, si una iglesia no incorpora un procedimiento para seleccionar las personas, no proveerá el control y la seguridad necesarios para garantizar la seguridad de los niños/as y jóvenes que participan en sus ministerios. Cada congregación puede enfocar el reclutar, verificar referencias y emplear a sus trabajadores en dos etapas. Primero, necesita tener un procedimiento para los trabajadores y los voluntarios que van a estar con los niños/as o jóvenes frecuentemente. Segundo, necesita tener un procedimiento para los trabajadores o voluntarios que van a trabajar con los niños/as o jóvenes ocasionalmente. Al implantar tal sistema, los trabajadores que sean llamados a último minuto para substituir a un empleado, pueden ser reclutados de un grupo que haya sido seleccionado con anticipación. Esto le servirá de mucha ayuda cuando esté planificando un retiro o un viaje misionero.

Del punto de vista de reducir la responsabilidad legal de la iglesia si ocurre un incidente de abuso, el poner en acción un proceso de verificar referencias para todos los empleados (pagados y voluntarios, clero y el laicado) va a demonstrar grandemente que la iglesia ha tomado las acciones razonables para proteger a sus menores. Al utilizar un proceso de verificación de referencias minucioso, junto con el uso regular de medidas de seguridad, como lo son la ley de dos adultos y consejería a puerta abierta (temas tratados más adelante en el libro), demuestra más sensatez de las acciones de la iglesia. Además, la implantación efectiva de un programa de reclutamiento y selección puede reducir el riesgo de que se levanten falsas alegaciones en contra de los trabajadores. Al comunicar a la congregación que todos los trabajadores y voluntarios han sido reclutados y seleccionados minuciosamente para trabajar con los niños/as y los jóvenes, asegura que el mejor interés para el cuidado de los menores ha sido tomado. De este modo, las personas que consideraron hacer falsas alegaciones contra cualquiera de los empleados, tendrán la reputación y la selección del trabajador como obstáculos adicionales a superar para hacer que las alegaciones sean verosímiles. Desafortunadamente, algunos jóvenes han hecho falsas alegaciones de abuso en contra de maestros o consejeros de grupos de jóvenes con la esperanza de que sus padres pospongan o no continúen con un divorcio o algún pleito por custodia. Cuando la política de selección y empleo es comúnmente conocida, quizás los jóvenes sean más reacios a acusar falsamente los empleados de la iglesia.

Formularios importantes

Los siguientes formularios deberán ser incluidos en cada congregación en su proceso de reclutamiento y selección para todas las personas que van a trabajar con la niñez o la juventud:

- Descripciones del puesto;

- Solicitud de trabajo;

- Formulario de referencias personales, *(nota: si la persona acaba de llegar de algún país latinoamericano, se verificarán las referencias personales con sus pastores anteriores en su previo país de residencia)*;

- Hoja de consentimiento para cotejar historial criminal o policíaco *(aún cuando lleguen de otro estado dentro de los Estados Unidos).*

- Formulario para la entrevista personal

Véase en el capítulo 10, ejemplos de dichos formularios. Por favor recuerde que simplemente estamos proveyendo ejemplos y que usted tendrá que modificar cada uno de ellos (consultando consejería legal) para cumplir con los requisitos de su iglesia, al igual que los requisitos legales de su estado. El uso apropiado de estos formularios depende mayormente si usted está reclutando y seleccionando trabajadores a sueldo o voluntarios.

Al reclutar trabajadores

En la solicitud de trabajo para obreros a tiempo completo, tiempo parcial, asalariado, voluntario, clero o laicado, debe solicitar la información más completa posible sobre la persona. Por ejemplo:

- Identificación;

- Dirección;

- Historial como empleado/a durante los últimos cinco años;

- Historial como voluntario/a durante los últimos cinco años;

- Experiencia y destrezas relacionadas específicamente con el puesto solicitado;

- Información si es o ha sido miembro de alguna otra iglesia;

- Referencias personales (no familiares) con su dirección completa *(nota: si la persona acaba de llegar de algún país latinoamericano, se verificarán las referencias personales con sus pastores anteriores en su previo país de residencia);*

- Consentimiento del solicitante para poder verificar información y contactar las referencias proporcionadas;

- Consentimiento para liberar su derecho de privacidad o su derecho para presentar demandas en contra de la iglesia, como respuesta de alguna referencia.

- Certificación de que toda la información proporcionada es verdadera y correcta.

- Si es permitido dentro de su jurisdicción legal local, también se debe pedir que el solicitante informe sobre cualquier acto criminal (incluyendo violaciones a las leyes de tránsito, ya que en muchos puestos relacionados con niños/as o jóvenes, la persona tiene que conducir vehículos de motor).

Finalmente, incluya espacios para la firma del solicitante y fecha del documento.

Cotejo y verificación de referencias

Ejemplos de formularios similares (véase en el capítulo 10), proveen a la iglesia un bosquejo de la información necesaria de las referencias, así como espacio para anotar las respuestas, si las mismas se contactan por teléfono. Estos formularios también pueden ser útiles si el cotejo de referencias se hace a través del correo regular. Las referencias profesionales, así como lo son la de los empleadores anteriores, tienden a no ser muy útiles porque sólo proveen las fechas de empleo.

Entrevistas

No es necesario tener una entrevista con cada persona que solicita. Sin embargo si es necesario entrevistar aquellas personas que la iglesia está considerando seriamente emplear, una vez la iglesia haya revisado cautelosamente cada solicitud y referencias. El propósito de la entrevista es clarificar cualquier pregunta que se pueda tener sobre la información obtenida en la solicitud, y también tener una primera impresión del candidato. Se recomienda, si es posible, que el candidato sea entrevistado por más de una persona. Por ejemplo, si el candidato solicita un puesto como director/a de jóvenes, un buen equipo para entrevistarlo podría estar compuesto por algunos de los líderes voluntarios actuales, algunos de los jóvenes y padres. El equipo de entrevista aquí mencionado, puede consistir de tres personas o más, dependiendo de las circunstancias. El adiestramiento para este tipo de entrevistas es muchas veces ofrecido por agencias como la YMCA o las Niñas Escuchas. Si el adiestramiento está disponible en su área, debe de aprovecharlo. Buenas entrevistas son aquellas que son minuciosas y no conversaciones superficiales o espontáneas. Desarrolle sus preguntas básicas con anticipación a la entrevista. Incluya preguntas como las siguientes:

1. ¿Cuáles son sus expectativas de nuestro grupo de jóvenes?
2. ¿Por qué está en búsqueda de un puesto como líder de nuestro grupo de niños/as o jóvenes?
3. ¿Qué experiencia ha tenido usted como líder del grupo de niños/as o jóvenes?
4. En su opinión, ¿cuáles son las mejores características que los niños/as o adolescentes poseen?
5. ¿Qué necesitan aprender los niños/as en el ministerio con la niñez?
6. ¿Qué necesitan aprender los adolescentes dentro del ministerio con jóvenes?
7. ¿Cómo usted describiría una disciplina apropiada para los niños/as o adolescentes?

8. ¿Cuál es su respuesta típica a un conflicto entre dos personas o más?

9. ¿Alguna vez ha sido arrestado o declarado culpable por alguna ofensa de abuso de menores u ofensas relacionadas? (Dentro o fuera del territorio de los Estados Unidos). Si es así, explique por favor las circunstancias.

10. ¿Alguna vez ha sido arrestado o declarado culpable por manejar bajo la influencia de alcohol? (Dentro o fuera del territorio de los Estados Unidos). Si es así, explique por favor las circunstancias.

11. ¿Cómo usted describiría sus dones para trabajar con el ministerio con niños/as o jóvenes?

12. ¿Cómo usted respondería si una de las adolescentes a su cargo se rompiera una pierna en el viaje de esquí y usted es el líder adulto a cargo?

13. ¿Ha recibido adiestramiento en primeros auxilios?

14. ¿Es usted ciudadano o residente legal de los Estados Unidos?

15. ¿Tiene usted permiso legal de trabajo de los Estados Unidos?

En adición a estos ejemplos de preguntas, planee pedir información a través de preguntas más detalladas relacionadas a su ministerio con niños/as o jóvenes. Además, recuerde que usted puede utilizar una versión revisada de estas preguntas, cuando lleve a cabo las entrevistas telefónicas con las personas listadas como referencias.

Al seleccionar al trabajador

Para implantar el proceso de reclutamiento y selección resumido aquí, será necesario que todos los trabajadores y voluntarios que se encuentran trabajando en la iglesia llenen los formularios. Las personas que soliciten trabajo en la iglesia, después de la implantación del proceso, deberán llenar todos los formularios antes de ser considerados para los puestos disponibles.

Idealmente, el proceso de reclutamiento y selección aquí descrito, se debe aplicar en igualdad de condiciones a todo miembro de la iglesia (ya sea asalariado, voluntario, clero o laicado), que trabaje o esté involucrado en el ministerio infantil o juvenil. Muchas veces los miembros del clero no reconocen la importancia de seguir el procedimiento. Hemos oído algunos pastores decir: "Oh, tú no tienes que cotejar mis referencias, yo soy ministro!", o "La conferencia anual ya hizo todo esto, y si la Junta dice que yo soy lo suficientemente bueno para esta congregación, entonces yo no tengo porque contestar más preguntas."

Respuestas como éstas son las que ponen a la iglesia en una posición difícil e incómoda. El resultado usual es que la iglesia aplique el procedimiento solamente a los trabajadores y voluntarios que no son ministros. Al hacer esto toman riesgo a causa del carácter del ministro. Esperamos sinceramente que la iglesia no tenga que arrepentirse de su decisión. Sin embargo, siempre es necesario recordarles a las iglesias que las acusasiones de abuso sexual son levantadas tanto en contra de los ministros/as, como de

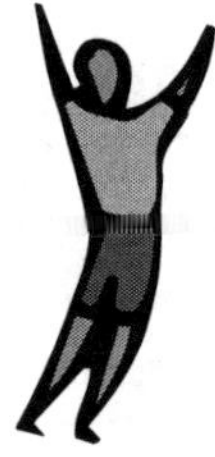

EL PROCESO DE RECLUTAMIENTO Y SELECCIÓN se debe aplicar en igualdad de condiciones a todo miembro de la iglesia (ya sea asalariado, voluntario, clero o laicado), que trabaje o esté involucrado en el ministerio infantil o juvenil.

laicos/as, especialmente en el área de ministerios infantiles o juveniles. Durante este año pasado, casi no ha pasado un día donde no se escuche algún informe sobre un ministro o personal eclesiástico que haya sido acusado de abusar sexualmente algún feligrés adolescente. Estos informes incluyen siempre los detalles de la demanda hecha por la víctima, incluyendo las alegaciones en contra de la iglesia por emplear y supervisar negligentemente al acusado. Si se levantase una acusación en contra de un pastor/a o ministro/a que ha rehusado seguir el procedimiento delineado para reclutar y seleccionar el personal, ¿cómo responderá la iglesia cuando la familia de la víctima cuestione: "¿Cómo pudieron ustedes permitir que esta persona llamada ministro/a, con un antecedente criminal, estuviera involucrada con nuestros niños y jóvenes?"

Aún cuando la iglesia pueda mitigar el dolor de los padres de la víctima, ésta todavía tendrá que enfrentar las asombrosas consecuencias cuando se levante el litigio legal. Más allá de las consecuencias financieras, la congregación se verá acosada por los pensamientos: "¡Si sólo hubiéramos sido más firmes, y hubiésemos exigido al Rev.________ llenar los formularios!". Una iglesia sufrió por un proceso penal donde todo terminó en que uno de los ministros de jóvenes fue condenado a una sentencia de noventa años en la cárcel. Entonces, apenas cuando la congregación estaba esperanzada en poder volver a cierto nivel de normalidad, la iglesia fue demandada en busca de una enorme recompensa monetaria por daños ocasionados a múltiples víctimas juveniles. Esta iglesia ya tenía un proceso de reclutamiento y selección minucioso; sin embargo, aparentemente hicieron caso omiso a su propia política de seleccionar a este empleado. La congregación continúa sufriendo las tristes consecuencias como resultado de su decisión.

Si un miembro del clero se niega a cooperar con el procedimiento de selección, tendrá muy poca defensa, si por cualquier circunstancias se levanta una acusación en su contra, aunque sea falsa. Las iglesias locales esperan que sus pastores/as tengan un carácter moral, y normalmente es así. Así que realmente no debe de existir ninguna preocupación de cotejar las referencias o el antecedente penal de los mismos. Una vez la información está archivada, la iglesia puede probar que intentó todo lo posible por investigar y seleccionar adecuadamente a su personal y nada se encontró que pudiera impedir o limitar que esa persona trabajara con los niños/as y los jóvenes de la iglesia. Los ministros/as que se esmeran en ofrecer un verdadero liderato a su congregación, están disponibles a dar consentimiento para el cotejo de sus antecedentes cuando llegan a una iglesia nueva. ¿Por qué? Porque le permite al ministro/a demostrar su condición moral desde el principio, y le permite a la congregación anunciar que todo su personal, incluyendo el ministro/a son dignos de confianza.

En otras palabras, la cooperación total de parte del clero, en el proceso de reclutamiento y selección, anticipa una situación de victoria tanto para la iglesia como para el ministro. La iglesia mantiene su integridad y su compromiso de prevenir el abuso y el clero ha dado un buen ejemplo a todo el personal. Además, se refuerza el carácter íntegro del ministro a través de los informes recibidos sobre su persona.

LOS MINISTROS/AS QUE SE ESMERAN en ofrecer un verdadero liderato a su congregación, están disponibles a dar consentimiento para el cotejo de sus antecedentes cuando llegan a una iglesia nueva.

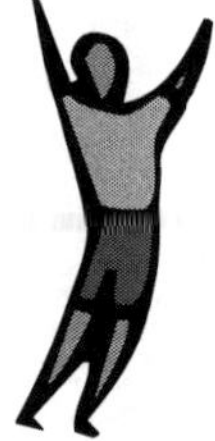

EL COTEJO CRIMINAL O POLICÍACO dentro del proceso de reclutamiento y selección de trabajadores, es sin lugar a duda, uno de los formularios más rechazados.

Al reclutar trabajadores sustitutos

Toda iglesia necesita trabajadores de vez en cuando para substituir empleados cuando los mismos están ausentes. El proceso recomendado para seleccionar los trabajadores a tiempo completo o tiempo parcial también es muy útil al utilizarlo con los sustitutos o personas que trabajan pocas horas o cooperan en eventos durante el año. Sin embargo, a veces es imposible utilizar el procedimiento a último minuto si un empleado se ausenta y hay necesidad de buscar un sustituto de emergencia o cuando un director de jóvenes dice: "¿Mi maestro de escuela dominical está enfermo hoy, puede usted sustituirle?" El problema del director juvenil se resolvió, pero, ¡imagine usted las consecuencias de la decisión si el maestro sustituto más adelante es acusado de abusar a uno de los jóvenes durante esa hora de la escuela dominical! O, si el coordinador de la guardería le dice a la mamá de Joselito: "Estamos cortos de ayuda hoy, ¿podría usted quedarse con nosotros durante el servicio?" Usualmente, la mamá estaría encantada de servir y para el coordinador la situación quedaría resuelta. Sin embargo, ¡imagínese las consecuencias, si la mamá de Joselito es acusada por violación o acoso durante el tiempo que sirvió en la guardería! Independientemente de que la acusación sea falsa o cierta, se ha creado una crisis en la iglesia, tanto para el menor como para su familia, y para la persona voluntaria y su familia.

¿Cómo puede la iglesia local mantener su compromiso de prevenir el abuso y hacer pasar a todos los trabajadores por el proceso adecuado, y todavía poder tener la flexibilidad para reclutar al último minuto? Una posibilidad es crear un banco de voluntarios ocasionales y presentar la política y los procedimientos de la iglesia a los nuevos miembros en una orientación inicial.

La orientación a los nuevos miembros podría incluir:

- Un formulario de membresía que contenga: nombre, dirección, su membresía en otras iglesias durante los últimos tres o cinco años, nombres de las iglesias donde ha brindado sus servicios voluntarios, dos referencias personales con direcciones y teléfonos (y si esta persona busca transferir su membresía de otra iglesia a la suya, pídale la carta de transferencia). Explíquele que a todo miembro nuevo se le pide llenar completamente el formulario antes de invitarle a servir como voluntario para trabajar con la niñez o la juventud. Es necesario también explicarle que toda persona que desee trabajar con el ministerio infantil o juvenil, deberá tener por lo menos seis meses como miembro de la iglesia.

- Una copia completa de la política de prevención contra el abuso infantil y juvenil.

- Un pacto firmado por la persona, donde acepta seguir al pie de la letra todos los procedimientos y regulaciones impuestos por la iglesia para prevenir el abuso.

Al proporcionar estas cosas a cada miembro nuevo, usted está dándoles la oportunidad de informar a la iglesia su deseo de trabajar con los niños/as o jóvenes. También se les está brindando la oportunidad de aprender sobre las políticas de la iglesia, e invitándoles a cooperar.

Esta manera nueva de orientar a los nuevos miembros, sirve para dos propósitos importantes: Primero, ayuda a la congregación a identificar posibles voluntarios, y también detiene al posible agresor de hacerle daño a la congregación. Así, una vez más se crea una situación favorable para ambas partes, los menores y la congregación.

Uso del cotejo de antecedentes penales

El cotejo criminal o policíaco dentro del proceso de reclutamiento y selección de trabajadores, es sin lugar a duda, uno de los formularios más rechazados. Sin embargo, el hacer un cotejo de antecedentes penales es uno de los pasos más importantes en el proceso de reclutamiento. Personas que están buscando empleo o simplemente desean cooperar como voluntarias en la escuela dominical, quizás vean ésto como una invasión a su privacidad o una ofensa a su integridad. Se pueden esperar comentarios como: "Yo he sido miembro de esta iglesia por años. Si no confían en mí todavía, pueden buscar a otra persona que se encargue de la guardería o del grupo de jóvenes." O: "Hasta dónde está llegando este mundo. Yo sólo quería cooperar con la escuela dominical, ¿qué tanto alboroto?"

Reacciones como éstas no deben desanimar a nuestras congregaciones de utilizar el cotejo de antecedentes penales como uno de los procesos más importantes de selección en las iglesias. Algunos estados de la nación requieren como parte de su legislación que toda organización que sea responsable por la seguridad de menores haga estas investigaciones. Muchas iglesias por el contrario usan esta herramienta, aunque el estado no se las pida, simplemente como una manera de reducir la posibilidad de emplear alguna persona con un historial de abuso de menores. Las compañías de seguros comúnmente informan a sus iglesias que el cotejo de antecedentes penales es un requisito, como parte de un plan extenso de prevención al riesgo de abuso de menores y no debe pasarse por alto.

Dentro del contexto hispano/latino, donde nuestras iglesias tienen escasez de líderes que hablan español, hay muchas personas que provienen de países latinoamericanos y llegan a los Estados Unidos de América por necesidad de trabajo y prosperidad. Dada esta circunstancia, el cotejo de referencias y antecedentes penales se hace imprescindible. Se sugiere que se haga un cotejo de antecendentes penales y referencias dentro de los Estados Unidos, al igual que la verificación de todas las referencias personales proporcionadas en los países de residencia previos.

Mientras su iglesia planifica el proceso para seleccionar apropiadamente a sus trabajadores, puede considerar las siguientes preguntas como parte del proceso: ¿Es requisito de la ley? ¿Podrá recibir ayuda de parte de la jurisdicción legal de su área sobre el cotejo de antecedentes penales? ¿Qué información es necesaria para que la policía o la agencia apropiada pueda cotejar el historial personal? Para ayudar a su congregación a recopilar la información correcta, sería bueno consultar a un consejero legal o abogado, agente de seguros, oficina de inmigración y la policía local.

La pregunta más común para el cotejo de antecedentes penales

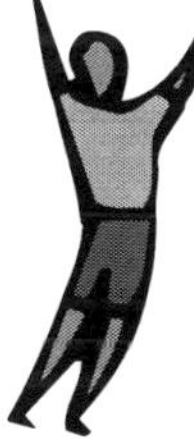

ALGUNOS ESTADOS de la nación requieren como parte de su legislación que toda organización que sea responsable por la seguridad de menores haga estas investigaciones.

es, ¿cuánto le costará a la iglesia? El costo promedio es usualmente de $25 dólares por persona. En algunas jurisdicciones, la agencia local de aplicación de la ley llevará a cabo tal cotejo de antecedentes penales por una tarifa reducida para las iglesias. Además de las agencias locales de aplicación de la ley, una gran cantidad de compañías privadas pueden hacer un cotejo de antecedentes penales por una tarifa razonable.

La pregunta más importante que se debe hacer y contestar sobre el cotejo de antecedentes penales es, ¿cuánto le costará a la iglesia el no hacer el cotejo de antecedentes penales? De la perspectiva de responsabilidades legales, ¿cómo la iglesia hará frente a las alegaciones de abuso perpetrados por empleados o voluntarios, a los cuales no se les realizó un cotejo de antecedentes penales? La respuesta es que le costará a la iglesia mucho más de lo que le hubiese costado, si lo hubiesen hecho. Tan pronto como las alegaciones de abuso se hagan en contra de un trabajador de la iglesia y se conozca que éste/a tenía antecedentes penales, la iglesia comenzará a experimentar el costo de no haber hecho los mismos. Los gastos a pagar irán aumentando para la iglesia hasta que la investigación termine, concluyan los pleitos, el veredicto sea establecido, las víctimas restauren su salud, y se restaure la confianza de la comunidad en la iglesia. En otras palabras, los gastos de la iglesia serán mucho más de lo que hubiese tomado conducir la investigación a los canditados y los gastos resultarán en más de veinticinco dólares.

La iglesia local debe decidir qué va a hacer con la información recibida de la investigación. Se deberá planificar unas pautas firmes, para asegurar que la información sea conservada confidencialmente y sólo se comparta con aquellas personas o autoridades que deben conocer la información. También se debe decidir cómo y dónde se guardarán los informes de la investigación.

Si la información certifica que la persona ha sido convicta de abuso, acoso sexual, incesto o algún otro crimen contra un menor, la persona deberá ser rechazada de inmediato para trabajar en cualquier capacidad con los menores. Si el informe indica que hubo cargos contra la persona pero que no fue convicta, entonces le corresponde a la iglesia investigar cómo se solucionó el conflicto. Comuníquese con el departamento de la policía, o con la oficina del procurador o fiscalía e investigue los detalles. Cuando toda la información sea recopilada, la iglesia necesita decidir si el emplear a esta persona conllevará el más mínimo riesgo para los niños/as y los jóvenes de la iglesia. Cerciórese de documentar cada paso de la investigación y de cada decisión tomada en sus archivos confidenciales. Si la investigación certifica que la persona fue convicta de algún otro crimen, como robo o un cheque sin fondo, usted tendrá que decidir si esas convicciones son razones suficientes para prohibir a la persona involucrarse con los niños/as o jóvenes. Debe de ser regla general que cualquier persona con antecedentes penales por abuso de menores o algún otro crimen violento, como robo a mano armada, violación, o por cargos de drogas o armas se le prohiba trabajar con menores.

No debe de existir resistencia, objeción o falta de cooperación que impida a la iglesia local desarrollar e implantar una política para reclutar, seleccionar y emplear a los trabajadores involucrados con los

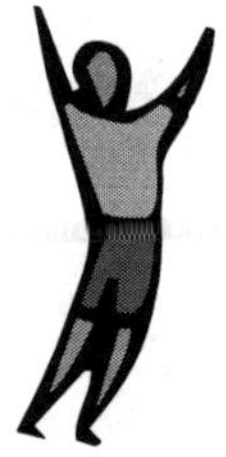

LA PREGUNTA MÁS IMPORTANTE que se debe hacer y contestar sobre el cotejo de antecedentes penales es, ¿cuánto le costará a la iglesia el no hacer el cotejo de antecedentes penales?

menores. Ningún trabajador pagado o voluntario, clérigo/a o laico/a, a tiempo completo o parcial que trabaje con los niños/as o jóvenes debe de ser eximido del proceso de reclutamiento y selección. Si cualquier extraño o miembro nuevo de la iglesia tiene acceso a los menores, el resultado de cualquier otro procedimiento de seguridad que su iglesia adopte será limitado. Debido a todos los casos recientes que han salido a luz en los Estados Unidos, y los cuales han sido documentados en cortes y en medios de comunicación, nuestras iglesias harían bien en adoptar estrictamente los procedimientos de reclutamiento y selección y de hacer saber a toda la comunidad local la política de *Santuarios seguros*. Las familias de hoy en día están ansiosas de conseguir congregaciones que trabajen para mantener la seguridad de los menores, y a la vez los mantengan activos dentro de los ministerios de la iglesia. El capítulo 10 incluye un formulario sobre la política de *Santuarios seguros*.

Bosquejo de su nuevo plan para seleccionar y reclutar a los trabajadores involucrados con la niñez y juventud

1.

2.

3.

LAS FAMILIAS DE HOY EN DÍA están ansiosas de conseguir congregaciones que trabajen para mantener la seguridad de los menores, y a la vez los mantengan activos dentro de los ministerios de la iglesia.

Notas:

4.

5.

Procedimientos básicos de seguridad para los ministerios infantiles y juveniles

UNA VEZ QUE LA IGLESIA LOCAL ha hecho el compromiso para tomar precauciones en contra del abuso dentro de sus ministerios infantiles y juveniles, y ha desarrollado su declaración de política básica de *Santuarios seguros*, la congregación necesita desarrollar procedimientos básicos para dirigir la operación cotidiana de sus ministerios. Esto nos lleva a lo esencial para poder llevar a cabo diariamente los ministerios con los niños/as y jóvenes, una vez ya los trabajadores han sido escogidos. Los procedimientos de *Santuarios seguros*, están diseñados para permitir que los ministerios puedan desarrollarse sin problemas y reducir los riesgos para los menores y sus encargados. Los procedimientos y las reglas les harán saber a los miembros y visitantes sobre el compromiso que la iglesia ha hecho para prevenir el abuso, y a la misma vez de ser un lugar santo y seguro, donde los niños/as y jóvenes crecerán en la fe, que tanto necesitan para sostenerse en el mundo de hoy.

Cada uno de los siguientes procedimientos es importante dentro de la extensa estrategia de prevención del abuso en la iglesia. No se enumeran en el orden de importancia.

Límites en las relaciones humanas entre la juventud

El ministerio de jóvenes puede describirse con muchos adjetivos, pero básicamente, se pudiera decir es casi siempre relacional. Los jóvenes se involucran y se mantienen involucrados en el ministerio de jóvenes porque les ofrece oportunidades para experimentar relaciones física y espiritualmente saludables con compañeros y adultos. Quizás ellos no puedan articular esto, pero los jóvenes quieren y necesitan ver buenos testimonios de sus líderes adultos en cómo relacionarse apropiadamente los unos con los otras. Los adultos que modelan comportamientos educativos y respetuosos, que no interfieren con la privacidad de otros, proveen buenos testimonios. En ese aspecto los jóvenes seguirán a la cabeza. Por lo tanto, es importante que los trabajadores (adultos) estén claros en qué tipos de comportamientos son "apropiados". Los trabajadores deben de estar atentos en mantener códigos de vestimenta apropiados (muchos grupos han probado que es eficaz el adoptar códigos de vestimentas para retiros, viajes, y reuniones), el uso apropiado del lenguaje, y demonstraciones apropiadas de ánimo y afecto. Debe de ser regla general que los líderes (adultos) nunca inicien un abrazo y que siempre sean los primeros en terminar el mismo. Un maestro de escuela secundaria ya retirado dijo: "Si el joven no es su hijo, no lo toque." Es decir, dé abrazos cuando se los pidan, pero nunca imponga su tacto a ningún joven de su grupo. Cuando se presente la pregunta de cuáles son los límites de relaciones humanas apropiados, recuerde que

Notas:

LA REGLA DE "LOS DOS ADULTOS" simplemente significa que se requiere un mínimo de dos adultos presentes constantemente en cada uno de los programas, eventos o actividades con los menores de la iglesia.

usted es el adulto y es su responsabilidad comportarse profesionalmente, aunque el trabajo sea voluntario.

La regla de "los dos adultos"

la regla de "los dos adultos" simplemente significa que se requiere un mínimo de dos adultos presentes constantemente en cada uno de los programas, eventos o actividades con los menores de la iglesia. El riesgo será menos si los dos adultos no son parientes. La guardería infantil siempre tendrá un mínimo de dos adultos. La escuela dominical siempre tendrá dos maestras/os a cargo. El estudio bíblico de un grupo de jóvenes siempre tendrá dos maestros/as adultos. La reunión de confraternización de jóvenes siempre tendrá por los menos dos líderes o consejeros/as.

No se puede subestimar la importancia de esta regla. La iglesia reducirá drásticamente la posibilidad de incidentes de abuso, si sigue esta regla. El poder de los agresores cobra fuerza si hay secreto, aislamiento, y si tienen la capacidad de manipular a sus víctimas. Cuando ellos/ellas pueden divisar que nunca les va a llegar la oportunidad de estar a solas con su posible víctima, pierden su interés en trabajar con ese grupo. Así, los menores son protegidos y la iglesia reduce grandemente la probabilidad de que una demanda de abuso ocurra por algún crimen perpetrado por uno de sus voluntarios o trabajadores, y a la vez minimiza la probabilidad de una demanda por negligencia en contra de la iglesia. Además, el mantenerse fiel a la regla de "los dos adultos", provee una protección importante para quienes trabajan con los niños/as y jóvenes. Incluso, las iglesias pequeñas pueden mantenerse fiel a esta regla asignando adultos "ambulantes", los cuales vayan de un salón a otro con bastante regularidad y vigilen todo movimiento en momentos recreativos, y a la vez sirvan de ayudantes adicionales. Los padres y los menores que saben que dos adultos estarán presentes en todo momento, serán menos propensos a hacer falsas alegaciones, ya que sería casi imposible el probar las acusaciones en contra de dos trabajadores. Los miembros de la iglesia estarán también más confiados cuando trabajen como voluntarios, porque saben que nunca llevarán el peso completo del liderazgo y que la iglesia ha hecho un compromiso de protegerles tanto a ellos como a los menores.

Adiestramiento en primeros auxilios y resucitación cardiopulmonar

Proveer adiestramiento de primeros auxilios y resucitación cardiopulmonar a todos los empleados y encargados de la iglesia anualmente, es un paso básico para asegurar el bienestar de los menores. Claro está, esperamos que nunca se necesite en la iglesia. Sin embargo, en los ministerios con niños/as y jóvenes siempre habrá actividades donde suceden caídas, golpes, cortaduras y hasta cosas peores. El tener a los empleados y los encargados debidamente preparados en estas áreas, brinda mayor confianza tanto a los menores, como a los padres. En el ministerio con jóvenes es crucial el adiestramiento en primeros auxilios y resucitación cardiopulmonar, ya sea que el grupo vaya de viaje de esquí o un viaje misionero. En estos últimos cuatro años, el grupo de jóvenes de nuestra iglesia ha ido a esquiar cada mes de enero. En cada viaje, antes de este último viaje, por lo menos un joven se lastimó mientras esquiaba. Las lesiones variaron desde hematomas a conmociones cerebrales y huesos fracturados. Este año, uno de los líderes se quebró la muñeca. El liderato bien adiestrado en primeros auxilios y resucitación cardiopulmonar fue de bendición en todos estos viajes.

Orientación anual para todos los empleados

A todos los empleados que trabajen con menores, ya sean asalariados, voluntarios, tiempo parcial, tiempo completo, clérigo/as o laicos/as, se les debe requerir participen de una orientación anual en la cual se les informe sobre:

- La política de la iglesia sobre la prevención del abuso de menores;
- Procedimientos que deben estar presentes en todo momento en los ministerios con la niñez y juventud;
- Pasos a seguir al reportar incidentes de abuso de cualquier menor;
- Detalles sobre las leyes del estado con respecto al abuso y los requisitos para denunciarlo una vez descubierto.

En esta orientación se les da a los trabajadores la oportunidad de renovar su pacto acatando y cooperando con la política de prevención del abuso de la iglesia. La iglesia mantendrá al día el archivo de las orientaciones ofrecidas a todos sus trabajadores sobre la política de prevención del abuso. Aquellos empleados que no asistan a la sesión de orientación, se les llamará y se les pedirá que renueven su pacto. La cantidad de pérdida de empleados que trabajan con los jóvenes es grande. Por lo tanto, será prudente que usted ofrezca este tipo de adiestramiento cada seis meses.

La regla "cinco años mayor"

Muchas veces y en especial en el ministerio de jóvenes, los voluntarios o las personas que solicitan para un puesto, están en la universidad o son recién graduados. Si un joven de tercer año de universidad sirve como consejero en una actividad de confraternización de un grupo de jóvenes de cuarto año de escuela secundaria, el consejero puede estar "dirigiendo" a otros jóvenes de tres o cuatro años menores que él o ella. Esto debe de estar prohibido, para proteger a los jóvenes, así como al consejero. Casi todas las iglesias pueden recordar algún incidente donde esta regla no fue seguida y luego lo lamentaron. No cometa el mismo error. Los estudiantes universitarios quizás sean competentes como trabajadores con los estudiantes de tercer año de escuela secundaria, pero no se les debe dar la total responsabilidad de un grupo.

Ningún empleado o encargado menor de dieciocho años de edad

Cuando una iglesia implanta esta regla progresa muchísimo en reducir los riesgos de peligro de sus menores. Una costumbre bien común, es permitir que los estudiantes de tercer y cuarto año de escuela secundaria trabajen en la guardería infantil. Por cierto, yo sé

LA IGLESIA MANTENDRÁ AL DÍA el archivo de las orientaciones ofrecidas a todos sus trabajadores sobre la política de prevención del abuso.

de una iglesia que ha usado los servicios de jóvenes de tercer año de escuela secundaria para trabajar en la guardería infantil, como un proyecto de servicio para la iglesia. En efecto, la iglesia usó los servicios de niños/as para supervisar niños/as. Aunque en muchas situaciones ellos proveen una excelente ayuda, la realidad es que personas menores de dieciocho años no tienen la madurez ni el juicio que se necesitan para ser totalmente responsables de otros menores. Colocar a niños/as a cargo de niños/as es una invitación abierta para un desastre. Hasta en el contexto de utilizar a jóvenes mayores para trabajar con un grupo de jóvenes, usted está tomando riesgos innecesarios. Los jóvenes más grandes tienden a abusar o intimidar a los más jóvenes o a los compañeros menores o más debiles. Muchos estados tienen leyes donde definen éste comportamiento como abuso infantil y hasta tienen sentencias para tales comportamientos. No es aconsejable ni prudente el tomar el riesgo de dar la responsabilidad a los jóvenes de dirijirse ellos mismos o a sus compañeros más jóvenes.

Ventanas en todas las puertas de salones de clases

Cada salón utilizado para las actividades con los niños/as o jóvenes debe de tener en la puerta una ventana. La ventana en cada puerta elimina la oportunidad que necesita el agresor para secretos y aislamiento; situación que todo agresor busca. El uso de media puerta ofrece protección al ofrecer una visión total del salón a cualquier persona que camine por el área. Muchos pastores/as están colocando ventanas en las puertas de sus oficinas o sus salones de estudios para dar un buen ejemplo y protegerse contra acusasiones falsas por conducta inapropiada. Nuestros jóvenes deben tener la oportunidad de reunirse los unos con los otras o con sus líderes (adultos) para estudiar, adorar y compartir en plena seguridad. El utilizar áreas visualmente accesibles y salones de clase que tengan ventanas en las puertas permite que las reuniones sean seguras, evitando que los agresores aislen a una víctima en un área oculta o secreta.

Consejería a puerta abierta

En sesiones de consejería donde se les está ministrando a menores, la puerta del salón u oficina debe permanecer completamente abierta durante toda la sesión. Es ideal que la sesión se lleve a cabo en un momento donde hayan más personas cercas, aunque se encuentren a una distancia que no puedan escuchar la conversación. Sesiones de consejería a puerta cerrada, son una invitación abierta para una falsa acusasión. Además, las puertas cerradas permiten al agresor tener la privacidad y el aislamiento necesarios para llevar acabo sus actos abusivos. Cuando uno de nuestros jóvenes se encuentra atribulado y busca consejería, es vital el resistir la tentación de reunirse con él o ella en secreto, aunque sea a petición del joven.

Sesiones de consejerías limitadas

Cuando algún joven busque consejería, es importante que usted determine en la primera reunión si usted está realmente cualificado para tratar efectivamente las necesidades del joven. Si usted cree

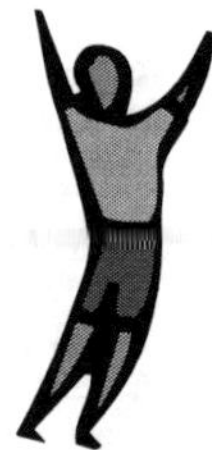

LA VENTANA EN CADA PUERTA elimina la oportunidad que necesita el agresor para secretos y aislamiento; situación que todo agresor busca.

que no lo está, refiera el joven a otro consejero. En caso de que usted decida aconsejar al joven, será prudente que usted mantenga el número de sesiones limitadas (dos o tres), y entonces refiera al joven a otro consejero, si el problema no ha sido resuelto. De esta manera, si usted no tiene éxito en ayudar al joven, por lo menos no retrasará demasiado el proceso de consejería con otra persona.

Notificación previa a los padres

Una regla básica dentro del ministerio con niños/as o jóvenes es siempre dar notificación previa y toda la información necesaria a los padres con respecto al evento que participarán sus hijos/as. Oficiales dentro del campo de la Administración contra Riesgos, recomiendan a sus clientes notifiquen con anticipación a los padres, si su hijo/a estará en algún momento a solas con algún encargado o empleado. Antes de cualquier actividad, también se recomienda que los padres firmen un permiso. Todo esto protege a la iglesia: los padres fueron notificados previamente de la actividad, advertidos de cualquier situación especial y se les dio la oportunidad de evitar que su hijo/a estuviera a solas con algún empleado o encargado.

El proveer notificaciones previas e información completa sobre las actividades de la iglesia a los padres, es un principio importante dentro de los ministerios de la iglesia. La información previa anima a los padres a apoyar el ministerio y a coordinar la participación de sus hijos/as en los mismos, y a la vez motivarles a participar como voluntarios o ayudantes. La información previa del evento puede ser clave para que la familia evalué el contenido de la actividad y decida si es apropiada para sus hijos/as. Más importante aún, la información previa demuestra que la iglesia toma sus ministerios con seriedad y planifica minuciosamente los eventos para tener toda la seguridad posible. Por ejemplo, un domingo en la tarde el grupo de jóvenes de mi iglesia terminó sus actividades un poco más temprano de lo usual. Los jóvenes ya habían sido recogidos por sus padres, y mi hija todavía esperaba por mí. Aunque nuestra casa está cerca de la iglesia y el manejar de la iglesia a la casa sólo toma varios minutos, el asistente del director de jóvenes me llamó para preguntarme si prefiría que él llevará a mi hija a casa o si yo quería pasar a buscarla. Desde la perspectiva de prevención de riesgos, su decisión fue muy sabia, además me dió toda la información necesaria para yo tomar mi decisión. Un padre al cual se le informa o hasta se le consulta, va seguramente a ser un padre que apoya el ministerio dentro de la iglesia.

Pacto de participación para el liderato y participantes

Un pacto escrito de participación debe desarrollarse y entregarse a todos al liderato y participantes del ministerio con niños/as o jóvenes. Un pacto o convenio es una declaración por la cual los participantes y líderes acuerdan y se comprometen a:

- Tomar parte del ministerio;
- Entregar su mejor esfuerzo al ministerio;
- Respetar a los demás participantes;
- Tratar a los demás como desean se les trate a ellos.

EL PROVEER NOTIFICACIONES PREVIAS E INFORMACIÓN COMPLETA sobre las actividades de la iglesia a los padres, es un principio importante dentro de los ministerios de la iglesia .

Tales pactos son útiles (especialmente en paseos o retiros), porque establecen las pautas de comportamiento esperadas por todos. También los pactos son recordatorios importantes de que no se tolerará la conducta abusiva contra los menores.

Adiestramiento para la familia

Cuando una iglesia hace el compromiso serio de desarrollar un plan comprensivo para la prevención del abuso en sus ministerios, debe informar a la congregación y a los padres sobre su intención. Un evento de adiestramiento familiar o una serie de eventos en donde se invite a las familias a aprender sobre el abuso y sobre los componentes del plan, resulta muy efectivo porque se ofrece una gran cantidad de información a un gran número de personas con un mínimo de esfuerzo y tiempo. Un evento de esta naturaleza debe incluir:

- Un orador/a representate de la ley;
- Un orador/a representante de una agencia de protección de menores;
- Un doctor/a o consejero/a con experiencia tratando a menores abusados;
- Un abogado con experiencia en aconsejar iglesias sobre el manejo de riesgo o prevención de pérdidas;
- Una película sobre la frecuencia del abuso sexual de menores dentro de la iglesia;
- Información impresa sobre las leyes estatales sobre el abuso y los requisitos para denunciar los abusos;
- Copias impresas de la política de prevención de abuso en su iglesia (permita tiempo para el diálogo);
- Momento de adoración y oración.

En un evento como éste, se pueden incluir sesiones para niños/as y jóvenes, en donde se les informe cuál debe de ser la conducta apropiada de otros participantes y de los líderes de la iglesia. En el mismo se puede también hablar sobre límites de las relaciones humanas apropiados entre ellos y los líderes (adultos). También de cómo reconocer y denunciar un acto abusivo, y cómo ellos pueden ayudar a prevenir que alguna persona sea lastimada dentro de la iglesia. En una iglesia que está comprometida en prevenir el abuso, se debe organizar regularmente este tipo de orientación para mantener informados a los nuevos miembros y a los padres.

Equipo y supervisión adecuada

Los ministerios con niños/as y jóvenes se llevan a cabo en múltiples lugares: el santuario de la iglesia, salones de clase, cabañas de verano, campos atléticos, autobuses y residencias. Los reportes de abuso indican que el abuso ocurre en una variedad de sitios y lugares. Un aspecto importante dentro de la planificación de seguridad de los niños/as y jóvenes, es proveer un lugar apropiado en donde los eventos se lleven acabo. Por ejemplo, si el propósito del ministerio es un estudio bíblico semanal, entonces el lugar apropiado

CUANDO UNA IGLESIA HACE el compromiso serio de desarrollar un plan comprensivo para la prevención del abuso en sus ministerios, debe informar a la congregación y a los padres sobre su intención.

debe de ser un salón de clase de la iglesia. Si el propósito del ministerio es que el coro juvenil viaje por dos semanas excursionando por varias ciudades, entonces el lugar puede ser un autobús de giras, cuartos de hoteles o en los santuarios de varias iglesias.

La probabilidad de que ocurra abuso varía según las circunstancias y el lugar donde se encuentre el menor. En el salón de clase donde se da un estudio bíblico, donde la puerta esté abierta y bajo la supervisión de dos adultos, va a ser menos probable que ocurra un incidente. Sin embargo, la supervisión inadecuada del coro juvenil en un hotel aumenta las probabilidades de un incidente. Es importante que las personas encargadas de planificar las actividades para los menores, consideren las ventajas y desventajas de los lugares a celebrar las mismas.

En los ministerios con niños/as y jóvenes muchas veces se requiere el uso de equipo especial, y los encargados deberán conocer los procedimientos de seguridad necesarios para operar el equipo. Por ejemplo, el grupo de jóvenes de mi iglesia tiene una actividad de venta de árboles de Navidad cada año para recaudar fondos para sus viajes misioneros en el verano. Este proyecto requiere el uso de una sierra (eléctrica o manual –utilizada sólo por adultos), martillos, sogas y calculadoras. Sin una supervisión adecuada por un adulto y la capacidad de los trabajadores para utilizar estas herramientas con seguridad, la venta de árboles sería un desastre. Muchos grupos juveniles participan en eventos atléticos, como lo son el escalar y descender montañas, correr patineta (monopatín), "softball", baloncesto y balompié. Actividades como éstas necesitan equipo, entrenamiento y supervisión específicos.

Otros ministerios al aire libre también implicarán la necesidad de conocimiento especializado. El nadar o el usar balsas acuáticas para corrientes rápidas requieren de un supervisor o un salvavidas o socorrista. Cuando el ministerio implica acampar, excursión a pie, o proyectos de servicio, tales como "Hábitat para la Humanidad" (construcción de viviendas para familias en necesidad), el Proyecto Apalache (proyecto de servicios a indígenas); el conocimiento de primeros auxilios y de resucitación cardiopulmonar (CPR, por sus siglas en inglés) son necesarios.

Cubierta de seguro adecuada para sus ministerios

Cada iglesia local necesita desarrollar una buena relación con su agente de seguros y estar apropiadamente asegurada para la totalidad de su ministerio. Si la iglesia no tiene la necesidad de transportar personas en vehículos de motor, puede economizarse esa póliza. No obstante, para las congregaciones que tienen ministerios juveniles ésto no aplica. Hoy los ministerios juveniles son menos estáticos que antes. Las congregaciones deberían reunirse con la Junta de Síndicos (o departamento de facilidades físicas) de la iglesia y entre todos considerar cuidadosamente todos los ministerios y su alcance, para asegurar que todas las actividades estén cubiertas por el seguro. Cada iglesia local que ha decidido adoptar un programa de prevención del abuso obtendrá ventaja al tener una cubierta de seguro adecuada y económica. Si la iglesia no ha adoptado dicho programa, su agente de seguros será un recurso muy valioso para suplir la información más reciente sobre los riesgos asociados con el abuso dentro de las iglesias.

Notas:

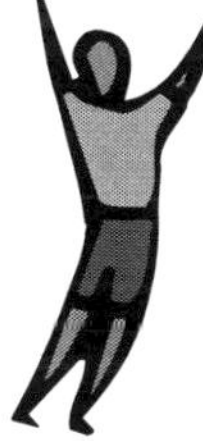

LA PROBABILIDAD DE QUE OCURRA abuso varía según las circunstancias y el lugar donde se encuentre el menor.

Sitios en la red cibernética para grupos de jóvenes

Los directores de grupos de jóvenes están utilizando más y más el correo electrónico y sitios en la red cibernética para comunicarse con los jóvenes o sus padres. Si ésta es una práctica que utiliza su grupo, sea prudente en las maneras que la usa. Utilice el correo electrónico sólo para comunicar información relacionada al ministerio con jóvenes, no para difundir chistes. Esté consciente de que la información de identidad de su grupo debe de ser protegida y no se debe de divulgar. Si usted pone fotos en algún sitio del Internet, no identifique nombres de las personas de su grupo. Además, obtenga consentimiento de sus jóvenes y padres antes de poner alguna foto en el Internet. Utilice su herramienta de bloqueo para evitar material indeseado e inapropiado. En el capítulo 11 encontrará referencias útiles sobre la seguridad en el Internet.

Posibilidades de transportación

Muchas veces es necesario planificar la mejor forma de transportación dependiendo del proyecto en el cual sus jóvenes vayan a estar. Las posibilidades muchas veces incluyen carros, furgonetas ("vans"), camionetas, y autobuses. Muchas iglesias tienen sus propios autobuses que los jóvenes utilizan para sus giras. Dado el caso, los adultos deben estar seguros de que los vehículos funcionen adecuadamente, el seguro esté al día y los adultos que van a conducir estén bajo la cobertura del seguro. Otra alternativa es el uso de vehículos comerciales que pueden ser alquilados por la iglesia. Esta opción tiene sus ventajas, especialmente si el viaje va a ser largo o si usted espera que las condiciones del tiempo para el viaje sean peligrosas. Por ejemplo, usted quizás se sienta cómodo en llevar a los estudiantes de cuarto año de escuela secundaria a un retiro de fin de semana en varias furgonetas, a lugares que estén a una o dos horas de distancia de la iglesia. Por otra parte, si usted va a llevar un grupo a esquiar, el cual estará más o menos a 500 millas de distancia, y las predicciones del tiempo son nieve y hielo, el utilizar un autobús comercial y un conductor profesional será la decisión más sabia.

En los últimos años, ha habido varios accidentes notablemente publicados, en los cuales involucraron a grupos de jóvenes que viajaban en furgonetas de quince pasajeros. Estudios de investigación comprueban que éste tipo de vehículo tiene una alta probabilidad de volcarse. La Administración Nacional de la Seguridad del Tráfico en la Carretera ha publicado pautas de seguridad para ese tipo de vehículo, como: no transportar más de 10 pasajeros; no llevar equipaje arriba de la furgoneta, y no sobrecargar la parte de atrás. Si su iglesia utiliza este tipo de vehículo, tenga precaución.

La póliza del seguro de nuestra iglesia cubre:

1._______________________________________

____

____

UTILICE EL CORREO ELECTRÓNICO SÓLO para comunicar información relacionada al ministerio con jóvenes, no para difundir bromas genéricas y diversas.

2.

3.

4.

5.

LA ADMINISTRACIÓN
NACIONAL de la Seguridad
de Tráfico en la Carretera
ha publicado pautas de
seguridad para las furgonetas
de quince pasajeros.

Notas:

Nuestro primer evento de educación familiar incluye:

1.

2.

3.

4.

5.

Escenarios sanos y seguros para los ministerios juveniles

EN EL CAPÍTULO ANTERIOR estudiamos detenidamente una variedad de conceptos y procedimientos que hacen que nuestros ministerios juveniles sean más sanos y seguros para los jóvenes y los adultos que trabajan con ellos. Aunque la mayoría de estos procedimientos están designados a un escenario dentro de la iglesia, los mismos también se pueden usar en otros ambientes con los ministerios juveniles. Los escenarios fuera de la iglesia local incluyen: retiros, campamentos, viajes misioneros, producciones dramáticas o musicales, viajes del coro, vigilias, proyectos de servicio y otros. Cuando planifique un viaje, asegúrese de poner en práctica los procedimientos apropiados para esos fines.

Hay varias facetas de un viaje o un retiro con el grupo de jóvenes las cuales requieren una atención especial. Esto incluye: planes de transportación, límites de relaciones humanas, y preparativos para el hospedaje.

Planes de transportación: Asegúrese de tener transportación segura y adecuada para el viaje. Hágase las siguientes preguntas: ¿Tiene cada pasajero un cinturón de seguridad disponible? ¿Tenemos suficiente espacio para que los pasajeros estén razonablemente cómodos? ¿Hay suficiente espacio para el equipaje? ¿Tenemos suficientes conductores capacitados? ¿Tenemos equipo de primeros auxilios? ¿Tenemos un teléfono celular o alguna otra manera para comunicarnos en caso de emergencia? ¿Tenemos un mapa y las direcciones correctas?

Límites en las relaciones humanas: Las excursiones proveen una oportunidad maravillosa para el compañerismo, educación positiva, y afirmación de relaciones entre jóvenes y adultos en el grupo. Tienen más tiempo para compartir juntos y así mayor oportunidad de relacionarse. Al hacer lo usual, como cocinando una comida, limpiando la cocina o trabajando en un proyecto de misión juntos, los jóvenes tienen más oportunidad para conversar y compartir sus pensamientos, opiniones, esperanzas y sueños que en sus lugares rutinarios. Esta interacción quizás sea lo más valioso de las excursiones. A la vez, también puede ser la fuente de mayor riesgo. Antes de hacer un viaje, los jóvenes y los líderes adultos deben pensar en la necesidad de un código de conducta simple y respetuosa.

Comenzamos con el concepto de que tanto los jóvenes como los líderes son responsables de tratarse los unos a las otras como ellos quieren ser tratados; los líderes pueden anotar cualquier circunstancia específica. Siendo ellos modelos de una educación positiva, incluyendo: el no usar malas palabras, no hacer bromas fuera de lugar ni jugar de manos, no darle permiso a los jóvenes varones para entrar a los dormitorios de las jovencitas, y viceversa, no permitir que dos jóvenes o un adulto y un joven se aparten lejos del grupo. El manterner el enfoque en desarrollar relaciones sanas en el grupo, en vez de desarrollar nuevos romances, promoverá en el grupo estar atento

el uno del otro y minimizará la oportunidad de hacer parejas de novios o relaciones románticas.

Los adultos afrecerán gran liderazgo al modelar comportamientos apropiados. Por ejemplo, los adultos que se mantienen involucrados con los jóvenes no se deben ir en parejas lejos del grupo. Adultos que expresan cariño a otros miembros del grupo al abrazarlos en presencia de otros, pueden modelar afirmación para los jóvenes, sin crear la percepción de que el espacio personal y la privacidad del individuo están siendo quebrantados. Mientras los líderes piensan en las normas de conducta apropiadas, los factores claves a considerar son: todo el mundo debe de estar presente cuando las actividades se estén llevando acabo, y las oportunidades para que dos jóvenes o un adulto y un joven se aislen del grupo, deben ser mínimas.

Los campamentos de jóvenes facilitan la oportunidad para que ellos desarrollen relaciones humanas apropiadas. Casi todas las conferencias anuales apoyan estos programas, los cuales le dan a un gran número de jóvenes la oportunidad de salir de la rutina diaria y aprender lecciones profundas sobre la interdependencia en la comunidad de fe. Sin embargo, estos ministerios pueden también presentar riesgos de abuso. Típicamente, nuestros programas de campamento de verano tienen como personal a estudiantes universitarios y a jóvenes adultos, los cuales normalmente permiten que los campamentos sean seguros y efectivos. No obstante, el programa debe de ser específico en donde cada empleado debe de estar, sea con los grupos del campamento o en las áreas reservadas para los empleados del campamento, cuando las luces estén apagadas o cuando se lleven acabo otras actividades. Además, el personal debe de estar adiestrado para comportarse apropiadamente en toda situación. Por ejemplo, los empleados deben saber cómo reaccionar cuando un participante le pide tener una conversación en privado. Dada la ocasión, el empleado puede ofrecerse a escuchar al joven en un lugar público, donde los dos puedan ser vistos, pero no escuchados. Así evitan el aislamiento del joven y el comportamiento secreto que pueda ser abusivo. Durante el transcurso de la semana en el campamento, los jóvenes y los empleados estarán involucrados en una gran variedad de pasatiempos, desde actividades normales a excursiones, natación, acampar al aire libre, practicar deportes y servicios de adoración. En todos estos eventos, el personal debe percatarse de que todas las actividades sean seguras. Si esto se logra, el riesgo del abuso es reducido, la experiencia del campamento es agradable y recordada positivamente por todos los jóvenes.

Preparativos para el hospedaje: Hoy día, es necesario tener un plan de alojamiento seguro cuando un grupo de jóvenes va de viaje. En los tiempos de antes, la mayoría de los viajes eran hechos a centros de retiros de las iglesias, donde todas las niñas dormían en un dormitorio grande, estilo barracas y todos los niños dormían en dormitorios similares al otro lado del edificio. El liderato femenino (adulto) dormía en el cuarto con las niñas, y el líderato masculino con los niños. Los riesgos en este tipo de escenario era casi siempre resultado de algún mal comportamiento entre los participantes.

Hoy en día, los grupos de jóvenes que viajan, requieren dormir en hospedajes públicos, como lo son los hoteles o los dormitorios en un campus universitario. Por lo tanto, los líderes deben minimizar la

LOS CAMPAMENTOS DE JÓVENES facilitan la oportunidad para que ellos desarrollen relaciones humanas apropiadas.

posibilidad de peligros dentro del grupo y de extraños. Además, los hoteles tienen disponibles dormitorios para dos o cuatro personas. Si cuatro personas son asignadas a un cuarto, lo más seguro que sólo van a tener dos camas para compartir. Entonces, ¿cómo podemos asignar los dormitorios del hotel adecuadamente para maximizar la seguridad de los jóvenes y minimizar la posibilidad del abuso? En un tipo de ambiente como el de un hotel, se recomienda que los jóvenes y los adultos estén asignados en cuartos separados. Esto también se aconseja para un ambiente de dormitorios (estilo universitario). Si es posible, asigne un cuarto de adultos entre dos cuartos de jóvenes. También se recomienda que los adultos se pongan de acuerdo para revisar los cuartos de los jóvenes a diferentes horas de la noche. Hay un grupo de jóvenes que conozco que son afortunados de tener un líder adulto voluntario, quien durante el turno de la noche se queda despierto para estar seguro que no hayan entradas, ni sálidas ilícitas. Finalmente, si es del todo posible, escoja un hotel donde las puertas de los cuartos abran hacia el interior del edificio, en vez de para la calle. Esto es crucial para minimizar el peligro del acceso de extraños de la calle.

Es obvio que este tipo de arreglos debe de hacerse con mucho cuidado para proteger a los jóvenes del abuso y proteger a los adultos de las posibilidades de falsas alegaciones. Quizás no sea posible eliminar todos los problemas, pero el planificar podría ayudar a que las cosas salgan lo más seguras posible.

Nuestros escenarios para los ministerios con la niñez y juventud son:

1.

2.

3.

4.

5.

¿CÓMO PODEMOS ASIGNAR los dormitorios del hotel adecuadamente para maximizar la seguridad de los jóvenes y minimizar la posibilidad del abuso?

Notas:

Nuestros escenarios para los ministerios con la niñez y juventud durante el verano son:

1.

2.

3.

4.

5.

Nuestros escenarios para los ministerios con la niñez y juventud son seguros porque ...

1.

2.

3.

4.

5.

Desarrollo de un plan congregacional que responda a alegaciones de abuso

EL PLAN CONGREGACIONAL para responder a sospechas o a presuntos incidentes de abuso debe ser desarrollado mucho antes de necesitarse. Dos componentes muy importantes deben ser incluidos en el plan: Primero, investigar los requisitos de la ley de su estado, para denunciar sospechas o alegaciones del abuso a las agencias protectoras de menores o a la policía local. Segundo, desarrollar un plan para cumplir con esos requisitos locales para denunciar estos incidentes y hacer declaraciones a oficiales, a la congregación y a la prensa.

Requisitos estatales para denunciar el abuso

Todos los empleados o encargados que trabajen con menores deben conocer los requisitos de su estado para denunciar casos de abuso a sus autoridades estatales y a las agencias protectoras de menores. Cada estado tiene requisitos específicos, y usted debe consultar a un abogado/a para saber cuales son los requisitos pertinentes a los empleados de su iglesia.

En algunos estados, toda persona que trabaje con niños/as o jóvenes (ya sea asalariada o voluntaria) tiene la obligación de denunciar toda sospecha de abuso cuando haya causa razonable para creer que el abuso haya ocurrido o está ocurriendo. Sin embargo, esto no aplica en todos los estados. Es imperativo conocer lo que su estado requiere. En algunos estados, los ministros ordenados no están obligados a hacer denuncias, aunque trabajen con niños/as, jóvenes o familia. Por el contrario, se les considera como personas exentas o eximidas de reportar y simplemente se les exhorta a que informen cuando tengan una causa razonable para creer que ha ocurrido abuso. Muchas legislaturas a través de la nación, están repasando sus estatutos sobre el abuso de menores y proponiendo modificaciones y cambios para añadir a más personas dentro de la lista de reporteras específicas y obligatorias. Así, que mientras su congregación planifica el año, es importante que tomen precaución e investiguen la información más reciente sobre los reglamentos actualizados.

Algunos estados permiten que la denuncia se haga anónimamente. Si su estado permite denuncias anónimas, se le aconseja que tome precaución y que haga la denuncia por teléfono al frente de un testigo. Quizás su testigo pueda ser el pastor/a de la iglesia, o el abogado/a de la iglesia, alguien quien pueda verificar o confirmar que la denuncia se hizo por teléfono, en caso de que luego se necesite esa prueba. Muchos estados proveen inmunidad a aquellas personas quienes en buena fe informan un incidente. Esto significa que el acusado/a no puede presentar una demanda civil en contra de la persona que le denunció mientras la persona haya tenido causa razonable para creer que ocurrió un abuso.

Cada estado tiene definiciones oficiales de lo que es abuso o abuso sexual de menores. Eso incluye abuso a toda persona menor de dieciocho años. Las personas que trabajan con menores deben de conocer muy bien estas regulaciones para poder identificar si la conducta que ellos creen que pueda ser abusiva cae bajo las especificaciones y la definición oficial de abuso. Para obtener la definición oficial de abuso actualizada de su estado, consulte a un licenciado/a en leyes o al agente de seguros de la iglesia local.

Dentro de las regulaciones estatales de abuso de menores hay un tiempo límite y específico para denunciar los incidentes de abuso de menores. Una vez una persona sabe o sospecha de cualquier acto de abuso, él o ella tiene que informarlo a las autoridades dentro de un tiempo limitado. En algunos estados, es un corto tiempo de 24 horas. Estas personas que trabajan con menores, si fallan en informar el abuso dentro del tiempo asignado, pueden estar sujetas a cargos criminales por no cumplir en hacer la denuncia durante el tiempo asignado por la ley. No obstante, es imperativo que todos estén debidamente informados de los requisitos. Los empleados o encargados deben conocer las agencias indicadas a las cuales pueden informar el abuso. Si la ley estatal requiere que se notifique al departamento del alguacil local y la persona a cargo simplemente mencionó sus sospechas de abuso al coordinador de los jóvenes, entonces no se considera que el informe fue oficialmente hecho.

Obviamente, es muy importante recopilar la información correcta y más reciente sobre el tema de abuso de menores, mucho antes de que la iglesia desarrolle sus procedimientos para rendir informes oficiales. Se debe llamar al consultor legal de la iglesia, a otro asesor legal, la agencia local de protección de menores o al agente de seguros de la iglesia para obtener la información más reciente. La iglesia debe de hacer un borrador, en el cual aparezca paso a paso el plan para informar o denunciar cualquier sospecha o incidente de abuso.

En este momento será necesario e importante adiestrar a todas las personas que trabajan con los niños/as y los jóvenes de la iglesia para concientizarlas de sus responsabilidades legales a nivel del estado y la política de prevención del abuso de la iglesia local. Idealmente este taller debe incluir todos los ministros ordenados, el personal laico de la iglesia, el personal a tiempo completo y a tiempo parcial, asalariados o voluntarios, los padres de niños/as y jóvenes y finalmente cualquier otra persona que le interese el tema. Los padres deben de tener la seguridad de que toda persona que trabaja con sus hijos/as está capacitada para tomar las medidas necesarias en caso de sospecha o presunto de abuso.

Los miembros del clero, aunque sean considerados personas exentas de reportar, necesitan estar bien informados de los requisitos de la ley. Esto no se puede dejar de reiterar: Los trabajadores deben estar completamente informados para poder hacer reportes legales y evitar las posibles penas criminales por no denunciar el abuso.

Más allá de los requisitos del estado

El compromiso de la iglesia para prevenir el abuso de menores requiere que todo personal que trabaje con la niñez y juventud haga informes de abuso de acuerdo a los requisitos de las leyes estatales.

LOS TRABAJADORES DEBEN estar completamente informados para poder hacer reportes legales y evitar las penas criminales posibles por no denunciar el abuso.

Sin embargo, nuestra obligación de responder a tales acusaciones va más allá de los requisitos de la ley estatal. Como cristianos, debemos de estar preparados para responder a otros con respecto a las alegaciones: a la víctima y a su familia, a la prensa, al agente de seguros de la iglesia, a la conferencia anual y posiblemente hasta al mismo agresor.

Una respuesta genuina a la víctima incluirá tomar la acusación muy seriamente y respetar su privacidad, así como también mostrar un genuino interés por la víctima y su familia. Una respuesta genuina a la familia, no es culpar de manera alguna a la víctima o implicar que él o ella es responsable de haber provocado el ataque o el abuso.

Una respuesta leal a la conferencia anual será informar a las autoridades conferenciales (ej. al superintendente de distrito o al obispo residente), tan pronto las alegaciones de abuso sean recibidas. Las autoridades conferenciales deben conocer todas las acciones que la congregación tome durante todo el proceso, hasta la resolución final de la situación. Es también necesario notificar al agente de seguros de la iglesia, si alguna alegación de abuso es hecha.

Una respuesta leal a la prensa puede ser una de las experiencias más espantosas para una iglesia local. Sin embargo, puede ser una tarea sencilla. De antemano, asigne a una persona como portavoz oficial para dirigirse a la prensa. Esta persona puede ser el pastor/a o algún otro empleado de la iglesia, el consultor legal o abogado/a o cualquier miembro laico de la iglesia, como por ejemplo el presidente de la Junta de Síndicos. La persona escogida debe dirigirse ante las cámaras y micrófonos en una forma clara y calmada. El portavoz debe tener la habilidad de contestar las preguntas honestamente, sin añadir información innecesaria. La persona escogida como portavoz debe estar autorizada para contestar: ¨Yo (nosotros) no sabemos en este momento¨. Nadie, excepto el/la portavoz, debe estar autorizado para dirigirse a la prensa en representación de la congregación.

La persona asignada como portavoz debe de estar preparada para declarar la política de prevención de abuso de la iglesia, todo lo concerniente a la seguridad de la víctima y de los niños/as y los jóvenes, y sobre los procedimientos que la iglesia haya adoptado para prevenir el abuso. En momentos así es muy tentador expresarse improvisadamente, sin embargo esto no es recomendable. Al portavoz le irá mejor si ha preparado su declaración antes de la entrevista con la prensa, o si por lo menos ha hecho unos apuntes sobre la política de prevención y los procedimientos de la iglesia. El portavoz, bajo ninguna circunstancia, debe dar indicaciones de que la iglesia ha fallado en tomar la acusación seriamente, o comentarios como que la víctima se inventó esa historia simplemente para llamar la atención. El portavoz nunca debe llamar a ninguno de los miembros del grupo de jóvenes a contestar preguntas de la prensa.

Una respuesta fiel al acusado/a, puede incluir un genuino reconocimiento que éste ser humano es también una persona con valor sagrado, pero que tiene que detener su conducta abusiva, arrepentirse sinceramente y girar su vida totalmente en otra dirección. La respuesta leal debe incluir el remover inmediatamente a esta persona de su puesto y no debe tener ningún contacto con los menores de edad hasta tanto haya sido debidamente aclarada y resuelta la situación. Esto en ninguna manera significa que en un

EL COMPROMISO DE LA IGLESIA para prevenir el abuso de menores requiere que todo personal que trabaje con la niñez y juventud haga informes de abuso de acuerdo a los requisitos de las ley es estatales.

futuro esta persona no será reintegrada a su puesto original donde gozaba de la confianza de los niños/as y los jóvenes. Y finalmente una respuesta fiel incluye no perdonar al acusado antes de ser visto su caso en las cortes de justicias y que su víctima esté lista para considerar el perdón; sea el perdón apropiado o no.

Preparados para cuando ocurra un alegato de abuso

Ya que el abuso contra un menor ocurre cada diez segundos y en cualquier sitio, no es inusual que la iglesia tenga que responder por algún alegato de abuso eventualmente. La iglesia local que se ha comprometido en prevenir el abuso de menores está adelantada y preparada para responder fiel y efectivamente.

En resumen, cuando se levante un alegato de abuso contra cualquier empleado o miembro, prepárese para hacer lo siguiente:

- Notifique a los padres de la víctima y tome las medidas necesarias para asegurar al menor hasta que sus padres lleguen al lugar. La seguridad de la víctima debe ser la preocupación principal de la iglesia;

- No confronte al agresor con ira, coraje u hostilidad.

- Tráte con dignidad al agresor, pero no le permita involucrarse con cualquier menor de edad;

- Notifique a la policía o a la agencia protectora de menores;

- Notifique a las autoridades de la conferencia anual, al agente de seguros y al abogado/a de la iglesia;

- Mantenga un registro escrito de todos los pasos que tome la iglesia como respuesta a las alegaciones del abuso;

- Llame de inmediato a la persona portavoz y juntos preparen o repasen todas las declaraciones o respuestas que se darán a la prensa;

- Prepare una breve pero honesta declaración para toda la congregación; omita detalles innecesarios o de culpabilidad o la invansión de la privacidad de la víctima, respete los detalles que se le han dado en confidencialidad;

- Prepárese para cooperar con la investigación policíaca o con las agencias protectoras de menores.

Cuando una iglesia local recibe un informe o una alegación de abuso en contra de una persona en la cual se ha confiado el cuidado de los menores de la iglesia, se crea inmediatamente una situación de crisis. La mejor y más fiel respuesta es aquella que se ha preparado de antemano. Mediante una cuidadosa y consciente preparación, la congregación puede manifestar mayor amor y cuidado, tanto para la víctima como para las demás personas involucradas, y a la misma vez cooperar plenamente con las autoridades. El planificar de antemano para esta situación, le permitirá a la congregación continuar rodeando a los niños/as y a los jóvenes con un amor sustentador y una fe suficientemente fuerte para soportar cualquier crisis.

Nuestra respuesta al plan incluye:

1.

2.

3.

4.

5.

Notas:

Notas:

6.

Nuestro/a portavoz es:

Implantación de estrategias para la congregación

PARA QUE LA POLÍTICA DEL ABUSO sea un éxito, se necesita un apoyo incondicional de parte de la congregación. Se puede lograr desarrollar un plan extenso y completo para educar a la congregación e incluir un amplio espectro de miembros en el desarrollo de las políticas y de los procedimientos.

Debe considerar cuidadosamente la formación de la junta o el comité de trabajo que se va a encargar de desarrollar la política de prevención del abuso. Invite a representantes de cada grupo que trabaje en el ministerio con niños/as o jóvenes: maestros/as de la escuela dominical, líderes de confraternización, líderes del grupo de música y adoración, coordinadores/as de misiones y otros. También se deben de invitar a padres y abuelos de niños/as y jóvenes. Al formar un comité de trabajo inclusivo, usted reducirá la probabilidad de crear políticas y procedimientos que engendren oposición dentro de cualquier segmento de la iglesia. Por el contrario, el formar un comité de trabajo inclusivo podrá traer todo tipo de preocupaciones a la mesa, y trabajar las ventajas y desventajas mientras se desarrolla la política.

Tan pronto el comité se desarrolle, se debe reunir y comenzar su trabajo. Comience a planificar por lo menos seis reuniones. Las fechas de las reuniones deben de seleccionarse considerando la fecha límite para completar la política. Muchas de las iglesias han encontrado que seis meses es un tiempo razonable para completar su trabajo. Trate de que cada reunión no exceda a noventa minutos. El comité debe de llevar a cabo varias tareas, incluyendo las siguientes:

- Estudios de investigación relacionado con el tema del abuso;

- Evaluar los procedimientos actuales de la iglesia con respecto al cuidado y supervisión de menores;

- Desarrollar una política y procedimientos nuevos para el cuidado y la supervisión de menores;

- Desarrollar un plan que responda a las alegaciones del abuso;

- Desarrollar un plan que responda a acusaciones del abuso;

- Presentar la nueva política y sus procedimientos al Concilio de la Iglesia o a otra parte del cuerpo para aprobación;

- Planificar la educación de la congregación sobre el abuso de menores y la nueva política de prevención;

- Planificar adiestramientos y cursos continuos sobre el abuso para toda persona que trabaje en la iglesia;

PARA QUE EL COMITÉ PUEDA desarrollar efectivamente la política y los procedimientos relacionados con el abuso, debe tener un fundamento sólido de información sobre el mismo.

- Planificar adiestramientos y cursos continuos para los padres de cómo identificar los indicadores del abuso;
- Planificar adiestramientos y cursos continuos para jóvenes de cómo protegerse del abuso;
- Planificar adiestramientos y cursos continuos para refrescar el conocimiento de la nueva política de prevención de abuso para todos los trabajadores de niños/as o jóvenes;
- ¡Celebrar!

Tarea 1:

Investigue sobre temas relacionados con el abuso de menores.

Para que el comité pueda desarrollar efectivamente la política y los procedimientos relacionados con el abuso, debe tener un fundamento sólido de información sobre el mismo. Sin esta base, el proceso de crear la política de prevención no sólo es muy difícil, sino imposible. Alguna de esta información se le puede hacer llegar a los miembros del comité por escrito antes del día de la reunión, para que tengan tiempo de leerla y estudiarla para facilitar la discusión grupal. Los pasos para cumplir esta tarea deben de incluir lo siguiente:

1 Revise la definición y los tipos de abuso según la información provista en las páginas 16-17.

2 Revise las estadísticas sobre la frecuencia del abuso (página 19).

3 Pida a los miembros piensen sobre incidentes de abuso de menores en su comunidad que hayan salido en la prensa en las últimas semanas.

4 Pida a los miembros hagan una lista de los lugares y situaciones donde pueda occurrir un abuso en su congregación, como durante la escuela dominical, en una confraternización de niños/as o jóvenes, en el coro juvenil, cualquier otro grupo juvenil que se reuna en la iglesia (las Niñas Escuchas, los Niños Escuchas, etc.), el programa preescolar, la escuela bíblica de verano, campamentos de verano y otros ministeros de la iglesia local.

5 Reflexione en la pregunta, ¿quiénes son las víctimas del abuso? Los niños/as y los jóvenes son muy vulnerables porque son pequeños en estatura, frágiles, algunos tienden a confiar mucho en los adultos y son dependientes de ellos, lo cual los hace víctimas potenciales (véase las páginas 23-24 para más información).

6 Reflexione en la pregunta ¿quién es el agresor? El agresor no puede ser identificado por un estereotipo. En potencia, cualquier persona puede ser un agresor depediendo de las circunstancias. No existe un prototipo de personalidad definido que se pueda clasificar como un agresor. Actualmente no existen pruebas psicológicas ni ninguna otra herramienta que pueda predecir quién es o quién puede ser un agresor sexual de menores (véase las páginas 23-24 para mayor información). Es recomendable que el comité invite a la reunión a un abogado/a u orientador/a legal como recurso, o

algún representante de la agencia protectora de niños de su comunidad que les traiga información más completa sobre el tema.

7 Reflexione en las acciones frecuentes de los agresores. Éstas incluyen negar los hechos, decir que las personas exageran, culpabilidad, coraje o ira, amenazas y manipulación. Los miembros del comité y los miembros de la congregación tienen que reconocer estas reacciones comunes y típicas del agresor. Cuando ocurre algún incidente de abuso de un menor y el culpable es confrontado, cualquiera o todas estas reacciones se harán presentes y en muchas ocasiones serán muy convincentes.

8 Revise las consecuencias del daño causado por el abuso de menores dentro de la iglesia. Una gran variedad de consecuencias incluyen: daño físico a la víctima, daño psicológico o emocional, trauma y tensión a la familia de la víctima así como a todos los miembros de la congregación, posibles daños legales y veredictos en contra de la iglesia.

Tarea 2:

Evalúe las prácticas de su iglesia relacionadas con el cuidado y supervisión de menores.

1 Reflexione en las circunstancias y las situaciones dentro de la iglesia que permitirían el acceso fácil de un agresor para lastimar a uno de los pequeños. Esto incluiría un sistema débil para reclutar y seleccionar empleados que trabajen en los ministerios con los niños/as y los jóvenes; supervisión inadecuada de los empleados; falta de control tanto sobre los empleados y de los lugares donde se celebran los ministerios o falta constante en la evaluación a los empleados. Aun cuando la iglesia funcione a base del servicio voluntario, debe existir un sistema eficaz de evaluación del personal para asegurar que los ministerios sean seguros. Cuando los miembros del comité identifiquen las circunstancias donde pueda existir el riesgo de abuso, lo podrán entender y prevenir mejor. Entonces el comité puede desarrollar e integrar una política preventiva y comprensiva conforme a las necesidades de la iglesia. El formulario de "Autoevaluación de la iglesia local" (página 88) puede ser un instrumento de ayuda.

2 Identifique las políticas actuales aún cuando no existan procedimientos escritos. Su iglesia indudablemente funciona con reglas de conductas no escritas que todos sus miembros siguen, pues "porque así se hace". Por ejemplo, si su iglesia no tiene reglas escritas para la supervisión de jóvenes durante una excursión de verano, hay un sentido común entre todos, los padres, los jóvenes y los encargados de quiénes podrán servir de chaperón y de cúantos chaperones se necesitan. Es responsabilidad del comité identificar las reglas que existen dentro de la iglesia, aunque no estén escritas y evaluar cuáles son adecuadas, inadecuadas o cuáles necesitan ser modificadas.

3 Revise las prácticas actuales para reclutar y seleccionar a las

AUN CUANDO LA IGLESIA funcione a base del servicio voluntario, debe existir un sistema eficaz de evaluación del personal para asegurar que los ministerios sean seguros.

personas que trabajan con los niños/as y jóvenes incluyendo a los que reciben salarios, los voluntarios y los ministros/as. Revise la política para adiestrar a los encargados y empleados sobre el abuso de menores y cómo reportar alegaciones e incidentes de abuso. Revise la política de supervisar a los empleados que trabajan con los menores. Revise la política de corregir y disciplinar a los niños/as y jóvenes, concentrándose en la metodología apropiada y sobre todo excluyendo el castigo corporal (físico). Revise las facilidades físicas donde se llevan a cabo los ministerios y determine si las mismas son adecuadas y seguras para su propósito. Por ejemplo, ¿están las facilidades ubicadas en áreas desoladas y separadas de la iglesia? Comúnmente las áreas de los jóvenes tienden a estar aisladas del resto de la iglesia o de la propiedad. Si ésta es su situación considere un cambio. Estas facilidades no deben estar en áreas aisladas, sino en áreas abiertas y visibles tanto para los participantes, como para los padres que vienen a recoger a sus hijos.

Tarea 3:

Desarrolle una nueva política y procedimientos para el cuidado y supervisión de menores.

En este momento, el grupo debe comenzar a integrar todo lo que ha aprendido sobre el abuso de menores y las circunstancias particulares de la iglesia. Se deben considerar los siguientes factores:

- Prácticas para reclutar y seleccionar al personal;
- Solicitudes de empleo;
- Referencias;
- Formularios declarativos;
- Hojas de consentimiento para el cotejo de antecedentes penales y referencias;
- Hojas de pacto o convenio mutuo;
- Uso apropiado de las facilidades para los ministerios con niños/as o jóvenes;
- Metodología apropiada para corregir y disciplinar a los menores.

Las hojas de muestras incluidas en el capítulo 10 le serán de mucha ayuda cuando el comité comience a preparar los formularios que la iglesia necesite. Ya que el comité de trabajo no es uno permanente dentro de la organización, es sumamente importante seleccionar el grupo de la iglesia responsable de revisar periódicamente las reglas y los procedimientos desarrollados.

Tarea 4:

Desarrolle un plan que responda a las alegaciones del abuso de menores.

Aunque el comité prepare un borrador sobre la política de prevención del abuso y sobre los procedimientos para reclutar y

REVISE LAS FACILIDADES FÍSICAS donde se llevan a cabo los ministerios y determine si las mismas son adecuadas y seguras para su propósito.

seleccionar a los empleados, también se debe incluir un plan extenso y detallado que responda a las alegaciones de abuso, por si ocurre o cuando ocurra. La meta principal siempre será proteger a la víctima y prevenirle de más daño, al igual que proteger su privacidad.

Además, cualquier plan desarrollado para la congregación debe cumplir con los requisitos legales que impone el estado y la jurisdicción local. Aunque este libro es un recurso muy útil que provee buenas ideas, no substituye la consulta con un licenciado/a en leyes especializado en todos los requisitos necesarios para denunciar o informar un alegato de abuso en su estado. Sería apropiado invitar a una persona con recursos en la materia para que se reúna con el comité o solicitar una copia escrita de las leyes del estado sobre los requisitos para denunciar abusos. Un posible recurso sería un abogado/a del distrito de su condado, un trabajador/a social de una escuela, o algún miembro del departamento de servicios a la niñez y la familia.

Su plan de respuesta debe de asignar a una o más personas para que las mismas sean responsables de recibir los informes del abuso y dar seguimiento a los mismos de acuerdo a las leyes estatales. Puede ser un clérigo/a, algún miembro laico o alguna otra persona en la cual usted confíe y mantega los informes confidencialmente. Cuando un informe o un alegato de abuso es recibido, esta persona tiene que estar preparada para seguir el plan de respuesta. Él o ella necesita recordar que un menor no miente en cuanto a un abuso. Sin embargo, la persona designada necesita también saber que hay personas que hacen alegaciones falsas, especialmente en circunstancias donde está involucrada una batalla de custodia. El conocimiento sobre el abuso y la familiaridad con los jóvenes y las familias de la congregación son recursos importantes para las personas que están recibiendo los informes del abuso.

Su plan también debe tener una persona asignada responsable de cualquier comunicación con la prensa o los medios de comunicación (páginas 53-54). Esta persona no tiene que ser el pastor o la pastora, quienes están capacitados para contestar preguntas bajo presión. Tome cuidado en asignar solamente a una persona para esta responsabilidad.

Su plan también debe incluir el guardar apropiadamente la documentación de todas las alegaciones del abuso. Mantenga los formularios de informes de abuso disponibles. Ejemplos de algunos formularios se encuentran en las páginas 86-87. La información registrada en esos formularios se debe de mantener confidencial y su uso deberá ser limitado estrictamente a las personas necesarias, como por ejemplo: autoridades legales según lo específica la ley estatal, el pastor/a, el superintendente de distrito, el obispo/a residente, el agente de seguros de la iglesia, el abogado/a de la iglesia y posiblemente el presidente del Comité Pastor-Parroquia. Se aconseja que mantenga estos archivos bajo llave. Enfatice la importancia de documentar todos los detalles y conversasiones sobre el caso.

LA META PRINCIPAL SIEMPRE será proteger a la víctima y prevenirle de más daño, al igual que proteger su privacidad.

DURANTE LOS ÚLTIMOS AÑOS,
la experiencia ha demostrado
que un plan de respuesta
minucioso es crucial para ayudar
a la víctima a sanar sus heridas
físicas y espirituales.

Tarea 5:

Desarrolle un plan que responda a incidentes del abuso de menores.

Estos pasos serán similares a aquellos que responden a las alegaciones de abuso; sin embargo, varios componentes adicionales son necesarios. Una acción apropiada para responder a una acusación de abuso debe incluir un plan de cuidado de emergencia para la víctima; un plan para notificarle a los padres, así como a las autoridades legales; un plan para proteger la evidencia; un plan para comunicarse con la prensa; un proceso para documentar toda acción, conversación e informe que se haya hecho; un plan para remover de inmediato al acusado/a de tener más contacto con los menores de edad; un plan para enlistar la cooperación de todo el personal de la iglesia, un plan para proveer cuidado pastoral a la víctima y a su familia. La congregación quizás quiera tener un plan de cuidado pastoral para el acusado y su familia. En algunas circunstancias, sería recomendable usar los servicios de un ministro de otra iglesia.

Durante los últimos años, la experiencia ha demostrado que un plan de respuesta minucioso es crucial para ayudar a la víctima a sanar sus heridas físicas y espirituales. La experiencia también ha demostrado que un plan de respuesta inadecuado no es suficiente para ayudar a la víctima, haciéndole a ella y a la congregación infinitamente más difícil la sanidad espiritual. Aunque el litigio no es un proceso sanador o terapéutico, algunos sobrevivientes del abuso recurren a él cuando creen que la respuesta de la iglesia no ha ayudado apropiadamente en su proceso de sanidad.

Tarea 6:

Presente la nueva política y sus procedimientos al Concilio de la Iglesia o al grupo correspondiente para su aprobación.

Cuando el comité de trabajo haya completado el borrador de las reglas y los procedimientos descritos, estarán listos para presentar su trabajo al Concilio de la Iglesia o al cuerpo gobernante correspondiente da la aprobación. Lo ideal es que durante el proceso de preparar estas reglas y procedimientos se le haya estado dando pequeños informes de progreso y también adiestramientos sobre la prevención del abuso de menores al Concilio de la Iglesia.

Tarea 7:

Planifique educar a la congregación sobre el abuso y la nueva política de prevención.

Este será un esfuerzo conjunto entre el comité de trabajo y el Concilio de la Iglesia. Educar a los miembros de la iglesia sobre el abuso y la nueva política no será cosa de una reunión del Concilio de Iglesia o de una carta a los padres o de un artículo dentro del periódico de la iglesia. Durante el desarrollo de la política, los miembros del comité podrán concienciar lo difícil que ha sido comprender la probabilidad de que el abuso pueda ocurrir en la iglesia. No es posible asimilar el daño causado por un incidente de esta magnitud en una reunión del comité. De igual forma, comprender cómo se puede prevenir el abuso toma tiempo. El Concilio de la Iglesia y el comité de trabajo serán más exitosos en lograr ayuda substancial entre los miembros de la congregación, si trabajan unidos en la tarea de informar a largo plazo a la congregación de todos los aspectos y los planes de prevención que se están desarrollando. Las personas responden mejor cuando la información es presentada de diversas formas. Se puede educar a la comunidad en las reuniones de padres, en la clases de la escuela dominical, en reuniones de orientación juvenil, en los adiestramientos, en artículos del periódico, en los tablones de edicto, en presentaciones videográficas, desde el púlpito durante un sermón y en cartas provenientes del comité de trabajo.

Tarea 8:

Ofrezca adiestramientos y cursos continuos sobre la nueva política de prevención para los empleados y voluntarios.

Una orientación inicial y adiestramiento para todos los empleados y voluntarios que trabajan con niños/as y jóvenes debe incluir información sobre la naturaleza del abuso, sus consecuencias, formas de prevenir y responder al abuso. El adiestramiento también debe educar a las personas sobre la política de prevención y el plan de implantación. En el capítulo ocho encontrará un ejemplo de adiestramiento. Finalmente, el comité de trabajo y el Concilio de la Iglesia necesitan nombrar a un grupo responsable de proveer futuros adiestramientos y sesiones de orientación durante el año para todas aquellas personas nuevas que comienzan a trabajar con los niños/as y jóvenes de la iglesia.

Tarea 9:

¡Celebre!

Resumiendo brevemente este capítulo, les recuerdo que la implantación de una política de prevención del abuso sexual dentro de la iglesia no será cosa de una pequeña reunión del Concilio de la Iglesia y un consenso de votos. Las personas que acepten la invitación de pertenecer al comité de trabajo para desarrollar una política de prevención del abuso estarán aceptando una enorme responsabilidad de tiempo y energía. Cuando su tarea se complete y la congregación acepte el plan, ¡es un momento para celebrar en grande!

Planifique un servicio el domingo por la mañana de compromiso y celebración, seguido por un festín para toda la congregación. Haga uso de pancartas, música especial y la participación de muchos niños/as y jóvenes para formar la celebración. Dé reconocimiento a los miembros del comité de trabajo y exprese la gratitud de la congregación por el gran trabajo realizado. La celebración de adoración debe centrarse en el compromiso congregacional de hacer de su iglesia un lugar sagrado y seguro en el cual todos/as

NO ES POSIBLE ASIMILAR el daño causado por un incidente de esta magnitud en una reunión del comité.

Notas:

puedan encontrar el amor y la gracia salvadora de nuestro Señor Jesucristo. Un modelo para el servicio de adoración se encuentra en las páginas 92-93.

LA CELEBRACIÓN DE ADORACIÓN debe centrarse en el compromiso congregacional de hacer de su iglesia un lugar sagrado y seguro en el cual todos/as puedan encontrar el amor y la gracia salvadora de nuestro Señor Jesucristo.

Modelo de un taller para trabajadores

LA IMPLANTACIÓN DE un programa comprensivo de prevención del abuso infantil y juvenil dentro de la iglesia local, no se puede completar sin que se provea una cantidad substancial de educación tanto para los trabajadores y voluntarios, como para los padres de los menores de edad, la congregación y hasta para los mismos niños/as y jóvenes. El modelo aquí presentado se puede usar como adiestramiento para los encargados o los empleados que trabajan con los niños/as y los jóvenes, pero se puede adaptar fácilmente para cualquier otro grupo dentro de la iglesia. La duración de este taller es de tres a cuatro horas.

I. Devocional

A. Oración de invocación

Dios de misericordia y gracia, tú nos has llamado a unirnos para testificar tu amor con todos tus hijos e hijas. Te pedimos que en estos momentos tú abras nuestra mente y nuestro corazón para recibir tu sabiduría. Muéstranos tu voluntad y llénanos abundantemente con valor, para reconocer la dura realidad sobre el abuso de menores en nuestra comunidad. Danos la energía y el compromiso íntegro para lograr que ésta, tu iglesia, sea un lugar santo donde todos tus hijos e hijas se puedan sentir sanos y seguros, según van creciendo en la fe y en el pleno conocimiento de tu santa presencia en sus vidas. ¡Amén!

B. Lecturas bíblicas recomendadas
1. Niñez: Éxodo 22:21-23; juventud: Jeremías 1:4-19

2. Niñez: Mateo 19:14 ; juventud: Miqueas 6:6-8

3. Niñez: Lucas 9:46-48; juventud: Lucas 2:21-24 y 40-52

4. Juventud: 1 Corintios 13:4-8

C. Exhortación
Pueden comenzar citando o leyendo el pacto bautismal para niños/as y el ritual de confirmación para los jóvenes. Reconozca y mencione las diversas formas en que la congregación honra estos pactos a través de los ministerios con la niñez y juventud. Finalice presentando la estrategia de prevención del abuso infantil y juvenil como los recientes componentes integrados a la iglesia.

NUESTRA IGLESIA ES UN LUGAR
donde los menores desarrollan su
fortaleza interna y aprenden los
recursos espirituales necesarios
para desarrollar una relación más
íntima con Dios y poder enfrentar
el dolor y la maldad.

II. Información introductoria

A. Acontencimientos recientes.

Comience presentando noticias recientes de los periódicos de su comunidad o informes televisivos donde aparezcan incidentes del abuso de menores ocurridos en cualquier lugar o institución. También en esta sección puede presentar datos o materiales concernientes a cualquier caso o litigio de abuso en una iglesia. Usted puede hacer de ésto una actividad pequeña, donde usted traiga una variedad de periódicos, revistas o algún otro recurso para que los participantes repasen. Pídales consigan informes sobre el abuso o los resultados de algún litigio y después informen al resto del grupo sus hallazgos.

B. Estadísticas recientes

Cite la información estadística de este recurso o de otras fuentes disponibles. Trabaje las ecuaciones matemáticas en una pizarra o un papel grande para demostrar cómo tres millones de incidentes anuales finalmente se traduce a un incidente de abuso cada diez segundos.

C. Razones para implantar un programa de prevención del abuso de menores

1. Nuestra iglesia es una comunidad de fe que ofrece un refugio santo y seguro, donde los niños/as y los jóvenes encuentran consejo, ayuda y alimento espiritual.

2. Nuestra iglesia es un lugar donde se aprenden más que datos simples sobre el abuso. También enseñamos y proclamamos nuestros valores cristianos: compasión, justicia, arrepentimiento y gracia.

3. Nuestra iglesia es un lugar donde los menores desarrollan su fortaleza interna y aprenden los recursos espirituales necesarios para desarrollar una relación más íntima con Dios y poder enfrentar el dolor y la maldad.

4. Nuestra iglesia es un lugar donde los menores y los adultos pueden aprender a reaccionar a acontecimientos dolorosos y confusos utilizando la sabiduría de las Escrituras.

D. Resumen

Estos datos e informes demuestran que no podemos ignorar la probabilidad de que el abuso pueda ocurrir en nuestros medios. Por el bien de nuestros menores y por la protección de todos los encargados que puedan recibir acusasiones falsas, necesitamos trabajar unidos intencionalmente para prevenir el abuso.

III. ¿Qué es el abuso y cómo podemos reconocerlo?

Use la información en las páginas16-17 y 21-22 para las definiciones e indicadores del abuso.

A. Abuso físico

B. Abuso emocional

C. Negligencia

D. Abuso sexual

E. Abuso ritual

IV. ¿Quiénes son los agresores?: El balance del poder

Use la información y los ejemplos provistos en las páginas 23-24. Discuta los conceptos de poder y vulnerabilidad y cómo éstos pueden conducir al abuso. Use los informes de periódicos que compartió al principio para demostrar el concepto del "balance de poder". En cada demostración, pídale a los participantes que identifiquen la fuente del "poder" disponible al agresor. Luego pídale al grupo identifique los factores que hicieron al menor vulnerable a su agresor.

V. ¿Qué estamos haciendo para proteger a nuestros niños/as y jóvenes y trabajadores?

Presente las nuevas reglas y procedimientos de la política de prevención del abuso de menores. Dé un margen de tiempo aceptable para que los participantes revisen la política. Permita un tiempo razonable para preguntas y el diálogo, mientras usted cubre cada sección con los participantes.

A. Al emplear a los empleados y voluntarios

Use la política de prevención del abuso de su iglesia y la información provistas en este manual para facilitar esta sección. Provea copias suficientes de los formularios para seleccionar y reclutar al personal; solicitudes de empleo, formularios del pacto, formularios de permisos para verificar referencias y descripciones de los puestos. Permita tiempo suficiente para que los participantes puedan revisar el material y hacer preguntas.

B. Adiestramientos para empleados y voluntarios

Use la política de prevención del abuso de su iglesia y la información provista en este manual para facilitar esta sección. Revise todas las medidas de seguridad y dé tiempo para contestar preguntas.

C. Al reportar la sospecha de abuso

Utilice las políticas e información provistas en este recurso para explicar el proceso desarrollado por la iglesia para reportar casos de abusos. Explique la política y los procedimientos para reportar el abuso y el concepto de confidencialidad.

D. Al completar la tarea

Si ésta es la primera vez que a los encargados y trabajadores se les presentan los formularios de reclutamiento y selección en adición a las descripciones de las funciones, quizás sea conveniente darles más tiempo para llenar la información necesaria.

VI. Servicio de clausura

A. Formularios del pacto

Solícite a dos personas que repartan entre los participantes los formularios del pacto. Usted puede decir: "Hemos llegado al final de nuestro tiempo juntos. Vamos a prepararnos para celebrar el compromiso de la iglesia para proteger a todos los niños/as y jóvenes y a todos los que se encargan de trabajar con los mismos. Favor de leer el pacto que se le acaba de entregar, fírmelo como

DISCUTA LOS CONCEPTOS de poder y vulnerabilidad y cómo éstos pueden conducir al abuso.

Notas:

evidencia de su compromiso con el ministerio que esta iglesia tiene con sus niños/as y jóvenes."

B. Regrese a la lectura bíblica 1 Corintios 13:4-8 y léala en voz alta.

C. Invite a los participantes a orar leyendo alternadamente con usted: "¡Les damos la bienvenida a nuestra niñez y juventud!"

Líder: Oh Señor, estamos ante tu presencia hoy,

Pueblo: ¡Les damos la bienvenida a nuestra niñez y juventud!

Líder: Oh Señor, recordamos nuestra promesa hecha en el rito bautismal y en la confirmación,

Pueblo: ¡Les damos la bienvenida a nuestra niñez y juventud!

Líder: Oh Señor, guía nuestra participación en los ministerios de esta congregación,

Pueblo: ¡Les damos la bienvenida a nuestra niñez y juventud!

Líder: Oh Señor, afirma nuestro compromiso de guardar este lugar santo y seguro de todas las maneras posibles,

Pueblo: ¡Les damos la bienvenida a nuestra niñez y juventud!

Líder: Oh Señor, danos sabiduría, fortaleza, y valentía para mostrarle al mundo que,

Pueblo: ¡Les damos la bienvenida a nuestra niñez y juventud!

TODOS JUNTOS: ¡Amén!

D. Ofrenda

Invite a los participantes a traer el pacto firmado y a ofrecerlo como ofrenda al ministerio con los niños/as y jóvenes de la iglesia. Canten juntos la doxología.

E. Bendición

Sea la gracia de nuesto Señor Jesucristo, el amor del Padre y el poder del Espíritu Santo de Dios con ustedes en todo lo que hagan. Amén.

capítulo 9

Y después del abuso, ¿qué?

CUANDO UN INCIDENTE DEL ABUSO a un niño/a o un joven ocurre en la iglesia, hay muchas víctimas además de la persona que ha sido físicamente lastimada. Todas ellas necesitan del ministerio de sanidad. ¿Quiénes son esas otras víctimas?

Las otras víctimas pueden ser:

- Miembros de la familia del niño/a o el adolescente lastimado;
- Compañeros del niño/a o el adolescente;
- Los padres de los compañeros de la víctima;
- Los trabajadores que queden encargados de los niños/as o jóvenes;
- La congregación como una comunidad de fe;
- La familia del agresor/a.

Cada víctima necesita ser incluida en un ministerio de sanidad. Sin embargo, cada persona puede tener necesidades diferentes.

El abuso de menores, ya sea dentro de la iglesia o afuera de ella, no es un fenómeno nuevo. Ha existido más allá de lo que podamos recordar. Lo que sí es relativamente nuevo, es el reconocer que el daño ocasionado por el abuso incrementa cuando ocurre dentro de la iglesia y se mantiene en secreto. El abuso que se mantiene en secreto continúa causando ira, confusión y temor en la iglesia por muchos años venideros. Yo sé de una congregación donde un adolescente fue abusado por un adulto encargado de los jóvenes hace más de dos décadas, y hasta este día la congregación no sabe la verdadera historia de lo sucedido. Como resultado de esto, la congregación ha sufrido de sentimientos de ira y temor por años, a nivel que ningún pastor ha podido quedarse pastoreando la congregación por más de dos años consecutivos. La congregación ha creado una reputación entre los ministros/as de ser una triste, desmotivada y muy difícil de servir. El no tratar los problemas de ira, miedo y dolor que ocurrieron dentro de la iglesia después de aquel incidente, ha traído consecuencias devastadoras para todos.

¿Cómo puede la iglesia servir a todas o algunas de las víctimas del abuso? Después de que haya ocurrido un incidente de abuso, el objetivo de la iglesia debe de ser asegurar la justicia para todos y proveer experiencias de sanidad a quienes estén lastimados. Ni la justicia ni la sanidad se pueden lograr en un período corto de tiempo. Su iglesia lo más seguro va a tener que pasar un año o más trabajando con una meta fija para lograr la sanidad y la justicia. Simplemente el hecho de dar un taller, mostrar un vídeo o predicar un sermón no es suficiente para entender el proceso de sanidad y justicia que se necesita alcanzar. El ministerio que trabaja con las víctimas de abuso, ya sea a nivel individual o grupal, es muy similar al ministerio que trabaja con personas que están de luto. En esta

línea de pensamiento, se podrá usted imaginar la duración del proceso para restaurar la sanidad y la justicia de la víctima y de la congregación.

El primer paso

El primer paso para poder ministrar a las víctimas de abuso en una congregación, es hablar la verdad a través de una comunicación honesta y abierta de lo sucedido. El exponer la verdad no significa especular o hacer chismes. Debemos recordar que el decir la verdad no significa culpar a la víctima de alguna forma o manera.

¿Cómo se puede desarrollar una comunicación honesta y abierta? Siga los procedimientos delineados para informar un incidente de abuso a las autoridades legales y a los oficiales de la iglesia; y en lo que usted termina eso, es muy probable que ya los chismes y los comentarios hayan comenzado dentro de la iglesia. En este momento es importante proveer la información más honesta posible. La información se puede dar a través de una carta donde se explique brevemente el incidente y la acción inicial de la iglesia. Tenga en mente que no se debe incluir en esta carta la identidad de la víctima ni el nombre de la persona acusada. De ninguna manera, la carta debe de incluir la información de identidad de la víctima o la del agresor. Por otra parte, debe incluir una declaración de las acciones tomadas por la iglesia para asegurar la seguridad de todos los niños/as y jóvenes, y la capacidad de la iglesia en continuar proveyendo ministerio para ellos/as. La carta debe disipar los rumores y las insinuaciones, y asegurar a todos de que se ha hecho todo lo posible por proveer seguridad a la víctima y los ministerios de la iglesia.

Reunión congregacional

Reunir a toda la congregación puede ser un aspecto poderoso para establecer una comunicación honesta y verdadera. Sin embargo, sino se planifica y se ora diligentemente para esta reunión, puede ser que se preste la ocasión para la ira y confusión. Por lo tanto, planifique la reunión para una hora y un lugar específico y haga sus planes. No anuncie, ni diga desde el púlpito el domingo por la mañana: "Como todos ustedes deben de estar ya enterados, un alegato de abuso ha ocurrido dentro de nuestra iglesia, y quizás ahora es el tiempo para que nos reúnamos y discutamos lo sucedido." El anuncio de una reunión espontánea puede ocasionar más daño que bien. Puede intimidar a las personas a participar de una reunión que realmente ellos no quieren. Podría crear temor a aquellas personas que no han oído nada acerca de lo sucedido. Podría hacer que algunos recordaran repentinamente algún trauma anterior en sus vidas evocando reacciones emocionales severas. Un anuncio hecho de tal manera, podría ser un insulto para la familia de la víctima, al ser el mismo un tema más para cubrir dentro de la agenda del domingo por la mañana. Las consecuencias de un acercamiento tan arrogante, más adelante durante el litigio, podrían ser dañinas para la iglesia.

El planificar todo cautelosamente para una reunión congregacional es crucial. Invite a las personas con bastante tiempo de aviso, para que ellas puedan escoger si van a asistir o no.

EL PRIMER PASO para poder ministrar a las víctimas de abuso en una congregación, es hablar la verdad a través de una comunicación honesta y abierta de lo sucedido.

Específicamente seleccione los líderes para la reunión. En muchos casos, es mucho mejor que el dirigente de la reunión sea el pastor o la pastora. Sin embargo, si el agresor/a es el pastor/a, obviamente él o ella no puede dirigir la reunión. También en muchos casos es recomendable que estén en la reunión el liderato laico y cualquier otro representante de la conferencia anual (ej. el o la superintendente de distrito). El liderato laico puede informar sobre las acciones que la iglesia ha tomado hasta ese punto. El o la superintendente de distrito viene a ofrecer el apoyo de parte de la conferencia anual a la congregación en esos momentos de crisis. Esto es una contribución muy valiosa y no se debe pasar por alto. Finalmente, dentro del liderato que participa en la reunión, se debe incluir a un orientador/a cualificado/a, el cual no necesariamente tiene que ser miembro de la congregación. El orientador puede inmediatamente ayudar aquellos que experimenten sentimientos fuertes dentro de la reunión. Si su conferencia anual tiene un Comité de Emergencias, invíteles a la reunión. Este equipo es un grupo pequeño adiestrado para venir a su iglesia a guiar las víctimas (el individuo y a la congregación) a través de un proceso de respuestas saludables y compasivas. Su entendimiento, experiencia y sabiduría serán inapreciables.

La agenda para la reunión

¿Qué debe suceder durante una reunión congregacional que da seguimiento a un incidente de abuso? Se debe incluir los siguientes elementos:

- Compartir los datos;

- Compartir en grupos pequeños;

- Momentos de adoración y reflexión para finalizar la reunión.

Comience la reunión compartiendo los datos, dando una descripción exacta de qué sucedió y las acciones que se han tomado o se van a tomar. Conteste las preguntas lo mejor posible, sin poner en peligro la investigación que se está realizando por parte de la iglesia o las agencias policiacas. Proteja la identidad de la víctima, especialmente si la familia ha pedido que se respete su privacidad. No tenga temor de contestar: "Nosotros no tenemos esa contestación en estos momentos". Es mejor decir que no sabemos nada, que contestar especulando los hechos. El Comité de Emergencias de su conferencia anual puede guiarle en cómo proveer información y a la vez proteger la privacidad y la identidad de la víctima.

La oportunidad de compartir en grupos pequeños, puede ser el segmento más importante de esta reunión. Divida el grupo en subgrupos pequeños de cinco o seis participantes. Asegúrese de que en cada grupo haya un facilitador. Si su conferencia anual tiene un Comité de Emergencias, los miembros del equipo están adiestrados para ser facilitadores. Si no hay un Comité de Emergencias en su conferencia anual, esta última lo más seguro le puede sugerir facilitadores en su área. El facilitador comenzará informando a todos los presentes que tienen el permiso para expresar sus sentimientos y sus emociones. Todos tendrán tiempo para hablar, y no habrá oportunidad para el debate de sentimientos y emociones expresadas. El propósito de esta sección es ayudar a las personas a identificar y a

EL LIDERATO LAICO puede informar sobre las acciones que la iglesia ha tomado hasta ese punto.

verbalizar sus emociones con respecto al incidente, no es el tener una estrategia u obtener el perdón prematuro de la congregación hacia el agresor. Esta parte de la reunión puede tomar una hora o más.

Cuando ya se perciba que los grupos pequeños han terminado, reúna el grupo entero nuevamente. Reconozca la realidad de esta situación tan dolorosa, y ofrezca una oración por la congregación en su búsqueda por la justicia y por todos aquellos que están involucrados y necesitan sanidad para su dolor.

Ministerio de seguimiento

Las acciones iniciales de la iglesia son solamente los primeros pasos de lo que puede ser un proceso largo en la restauración tanto para la víctima como para la congregación. Una carta o una reunión congregacional no será todo lo que su iglesia necesite. Basados en los sentimientos, temores y miedos expresados durante la reunión, usted puede trazar un plan para un ministerio de seguimiento. Sería beneficioso asignar a un comité para planificar este proceso, según se utilizó un comité para desarrollar la política de prevención del abuso. Otro enfoque puede ser el utilizar a grupos existentes dentro de la iglesia para planificar los ministerios apropiados de sanidad, justicia, educación y adoración. El Comité de Emergencias de la conferencia anual puede proveerle elementos valiosos además de sus experiencias para que usted continué planificando su ministerio de seguimiento y cuidado.

Tan pronto el grupo comience su trabajo, sería bueno el considerar las diferentes clases de ministerios de seguimiento existentes: educacional, de ayuda y apoyo, al igual que otros que pueden ser sugeridos durante la reunión.

Los ministerios educacionales pueden incluir en sus programas:

- Las consecuencias del abuso infantil y juvenil;
- Cómo consolar a las familias que sufren del abuso;
- Cómo los niños/as y jóvenes pueden protegerse del abuso;
- Recursos comunitarios para las víctimas y sobrevivientes;
- Algún otro tema de preocupación.

Los programas pueden incluir adultos sobrevivientes del abuso, que puedan testificar su proceso de sanidad y recuperación. Programas como éstos se pueden llevar a cabo en las clases de la escuela dominical, reuniones de jóvenes u otras reuniones similares. Es importante recordar que ninguno de estos programas se debe de ofrecer sin proveer la debida notificación y publicidad. De esta manera, usted sabrá quiénes desean participar y puedan hacer sus planes para asistir. En adición, podrá saber quiénes no desean participar o estar involucrados en la reunión.

Los programas de seguimiento pueden desarrollarse dentro de su congregación para familias que sufren como resultado del abuso, así como para las víctimas del abuso. Identifique a líderes cualificados dentro de su congregación o comunidad y pídales su ayuda organizando grupos de apoyos. El Comité de Emergencias de su conferencia anual puede ayudarle a adiestrar líderes para los grupos de apoyo. El proveer consejería individual para la víctima, su familia, y otros miembros de la congregación afectados también puede ser un ministerio importante. Usted también podría hacer

LOS MINISTERIOS EDUCACIONALES pueden incluir en sus programas:

- Las consecuencias del abuso infantil y juvenil;
- Cómo consolar a las familias que sufren del abuso;
- Cómo los niños/as y jóvenes pueden protegerse del abuso;
- Recursos comunitarios para las víctimas y sobrevivientes;
- Algún otro tema de preocupación.

arreglos financieros con algún consejero profesional para que la(s) víctima(s) y sus familias puedan recibir las sesiones de consejería necesarias para obtener sanidad. Esta clase de ministerio también puede ser muy importante para los miembros de la familia del agresor. Aunque es inapropiado aprobar la conducta abusiva del agresor, es apropiado reconocer que debido a toda esta situación, su familia puede estar sufriendo terriblemente. Así que el ofrecerles asesoramiento puede ser un acto de gracia y sanidad sin aprobar el comportamiento abusivo. Su comunidad local puede que tenga recursos disponibles que sirvan de ayuda para el desarrollo de tales sesiones de consejería y apoyo. Por ejemplo, puede haber líderes dentro de otras congregaciones o grupos de apoyos existentes que le sean útil a la iglesia.

Resultaría en un ministerio muy valioso si la programación para los niños/as y los jóvenes fuese orientada hacia la restauración de su confianza en la iglesia y sus encargados. Los programas y grupos de dinámicas que enfocan la justicia, la compasión y la reconciliación en momentos difíciles proveerán un fundamento sólido para que estas personas puedan continuar su jornada de crecimiento espiritual. Una programación de esta magnitud y alcance requiere de una planificación extensa, así también como del uso de un liderato bien preparado. No importa cuánto trabajo se requiera, todo vale la pena si un niño/a o joven vuelve a sentirse seguro en la iglesia. No debemos de limitar la importancia de este aspecto en la sanidad. Los niños/as o jóvenes que estén enterados de que el abuso puede ocurrir, necesitan mucho tiempo para hablar, hacer preguntas y pensar en cómo ellos pueden protegerse a sí mismos y a otros de situaciones similares. Si la congregación no está dispuesta a contestar preguntas y se niega a ayudar a los niños/as o a los jóvenes en devolverles su confianza, los adultos fallarán en nutrir su fe y confirmar sus esperanzas.

Estas ideas y planes para los ministerios de seguimiento se basan en el concepto de que cuanto más su congregación haga para motivar la sinceridad y la honestidad en la comunicación, más rápido aún será el proceso de sanidad y restauración para todos. No importa que tan largo sea el proceso, lo importante es que nunca bajo ningún concepto se culpe a la víctima o se perdone al agresor sin que se vea un acto sincero de arrepentimiento de su parte. La víctima nunca es responsable de haber provocado el ataque y tampoco es culpable de haber hecho algo para causarlo. Por lo tanto, no permita que la iglesia intente apaciguar su conciencia con comentarios como: "Bueno, nosotros hicimos todo lo posible para evitar algo así, pero la verdad es que ella/él se lo buscó." Esta clase de comentarios no es comunicación abierta y sincera. Más bien, niega la verdad e insulta y culpa a la víctima y a su familia.

El ofrecimiento del perdón gratuito al agresor no es de ninguna manera beneficioso para el proceso de sanidad de la víctima o de la congregación. Para que haya sanidad, es necesario sufrir las consecuencias, no sólo para la víctima, sino también para el agresor. Solamente cuando el culpable es capaz de girar su vida totalmente y demostrar dolor y arrepentimiento, será posible que la congregación le pueda extender la gracia del perdón. Aun cuando la víctima pueda o no perdonar el daño que se le hizo, definitivamente no se le debe presionar, simplemente para que el agresor se sienta bien.

EL PROVEER CONSEJERÍA individual para la víctima, su familia, y otros miembros de la congregación afectados también puede ser un ministerio importante.

Después de un tiempo razonable, su comité quizás quiera organizar alguna actividad para compartir algo similar en la primera reunión congregacional. Tal reunión se puede llevar a cabo para determinar cuánta sanidad y recuperación se ha logrado. Identifique cualquier otra necesidad o tema que no se haya resuelto y busque maneras posibles de solucionarlos. La tendencia normal en individuos y en congregaciones es de ocultar o intentar ignorar el dolor; lo que luego trae consigo la necesidad de dar seguimiento a los mismos con regularidad.

Finalmente, quizás su comité quiera planificar una celebración de adoración para expresar la gratitud en el progreso de sanidad y recuperación, y el gozo por todos los esfuerzos unidos dentro de la congregación en mantener la justicia y confiar en la perdurable gracia y el amor de Jesucristo, nuestro Salvador.

Ejemplos de formularios

FAVOR DE NOTAR que todos los formularios y listas de cotejo en esta sección son simplemente ejemplos, y deben de ser modificados y adaptados de acuerdo a las necesidades específicas de su iglesia. Se concede permiso a todas las iglesias que compren el libro *Santuarios seguros: Reduciendo el riesgo del abuso infantil y juvenil en la iglesia* para reproducir los siguientes ejemplos de formularios.

Lista de formularios:

1. Lista de miembros del comité de trabajo para la prevención del abuso en la iglesia, página 76

2. Política de prevención del abuso de menores, página 77

3. Solicitud de empleo, páginas 78-80

4. Autorización para el cotejo de antecedentes penales, página 81

5. Solicitud de trabajo voluntario, páginas 82-83

6. Hoja para el cotejo de referencias, página 84

7. Pacto de participación en el trabajo con la niñez y juventud de la iglesia, página 85

8. Informe sobre sospecha del abuso de un menor, página 86

9. Informe del accidente, página 87

10. Autoevaluación de la iglesia local, página 88

11. Descripción de las funciones del personal de la guardería infantil, página 89

12. Descripción de las funciones del personal del ministerio juvenil, página 90

13. Descripción de las funciones del director/a o ministro/a del ministerio juvenil, página 91

14. Orden del servicio: Celebremos nuestro compromiso con la niñez y juventud, páginas 92-93

LISTA DE MIEMBROS DEL COMITÉ DE TRABAJO
PARA LA PREVENCIÓN DEL ABUSO INFANTIL Y JUVENIL

Pastor/a

Nombre:

Dirección:

Teléfono:

Miembro del Comité Pastor-Parroquia

Nombre:

Dirección:

Teléfono:

Miembro de la Junta de Síndicos

Nombre:

Dirección:

Teléfono:

Líder Laico/a

Nombre:

Dirección:

Teléfono:

Ministro/a con los jóvenes o Director/a del ministerio juvenil

Nombre:

Dirección:

Teléfono:

Ministro/a con los Niños/as o Director/a del ministerio infantil

Nombre:

Dirección:

Teléfono:

Director/a de los programas semanales con niños/as y jóvenes

Nombre:

Dirección:

Teléfono:

Representantes de todos los ministerios y grupos con niños/as y jóvenes

(Estos grupos pueden incluir la escuela dominical, retiros de jóvenes, coros o algún otro. El número de miembros en la lista depende del número de grupos activos dentro de la congregación.)

Nombre:

Dirección:

Teléfono:

Nombre:

Dirección:

Teléfono:

Padres/madres representantes del grupo con niños/as y jóvenes

(El número de padres/madres representantes varía según el tamaño del grupo. Se recomienda tener como mínimo dos padres/madres de dos familias distintas.)

Nombre:

Dirección:

Teléfono:

Nombre:

Dirección:

Teléfono:

POLÍTICA DE PREVENCIÓN DEL ABUSO DE MENORES

Introducción

En el mes de abril de 1996, la Conferencia General de la Iglesia Metodista Unida, adoptó una resolución dirigida a reducir el riesgo de abuso sexual de menores dentro de la iglesia. La resolución incluye la siguiente declaración:

Jesús dijo: "Y el que recibe en mi nombre a un niño... me recibe a mí" (Mateo 18:5). Los niños/as son nuestro presente y futuro, nuestra esperanza, nuestros futuros maestros/as y nuestra inspiración. Ellos son participantes activos dentro de la vida de la iglesia y del reino de Dios.

Jesús también dijo: "A cualquiera que haga caer en pecado a unos de estos pequeños... más le valdría que lo hundieran en lo profundo del mar con una gran piedra de molino atada al cuello" (Mateo 18:6). Nuestra fe cristiana nos llama a ofrecer nuestra hospitalidad, así como nuestra protección a los pequeños: los niños/as. Los "Principios Sociales" de la Iglesia Metodista Unida declaran: "a los niños/as se les debe proteger de la explotación y el abuso económico, físico y sexual (¶ 162C–Disciplina de la Iglesia Metodista Unida – 2000).

Trágicamente las iglesias no siempre han sido sitios seguros para los niños/as. El abuso sexual, la explotación y abuso ritual ocurren en las iglesias, grandes o pequeñas, urbanas o rurales. El problema transciende a toda barrera económica, cultural y racial. Es real y va en aumento. Muchas conferencias anuales pueden citar incidentes específicos de abuso y explotación sexual dentro de sus iglesias. Prácticamente cada congregación tiene entre sus miembros, adultos sobrevivientes de algún trauma sexual.

Estos incidentes son devastadores para todas las personas involucradas: el/la menor, la familia, la iglesia local, y el liderato. Las iglesias destruidas por las consecuencias legales, emocionales y financieras de una litigación surgida por alegados abusos van en aumento.

Dios nos llama a hacer de nuestras iglesias lugares sanos y seguros, al proteger a nuestros pequeños y toda persona vulnerable al abuso sexual o ritual. Dios nos llama a crear comunidades de fe, donde los niños/as y los adultos puedan crecer sanos y fuertes.

(Tomado de *The Book of Resolutions of The United Methodist Church-2004*, páginas 201-202. Derechos de Autor ©2004 por La Casa Metodista Unida de Publicaciones. Usado con permiso.)

De esta forma, en pacto mutuo con todas las Iglesias Metodistas Unidas, adoptamos esta política de prevención en contra del abuso infantil y juvenil en nuestra iglesia.

Propósito

Establecer una política de prevención del abuso de menores y sus debidos procedimientos en demostración de nuestro íntegro y firme compromiso con la seguridad física y espiritual de todos nuestros menores.

Declaración del pacto

Por tanto, como una comunidad de fe y una congregación metodista unida, nosotros nos comprometemos a conducir el ministerio del evangelio en maneras que garanticen la seguridad y el crecimiento espiritual de todos los niños/as y jóvenes, así como también el de todos los empleados y voluntarios que trabajan con los menores de edad. Seguiremos medidas de seguridad aceptables durante el proceso de selección y reclutamiento de empleados; desarrollaremos procedimientos operacionales prudentes en todos los programas y eventos; educaremos a todos los empleados que trabajan con los menores con respecto al uso apropiado de la política y los métodos de la iglesia (incluyendo primeros auxilios y métodos aceptables de disciplina); seguiremos los procedimientos delineados para informar sospechas o incidentes de abuso según los estipula la ley, y estaremos preparados para responder a la prensa, de ocurrir algún incidente.

Conclusión

Nos comprometemos como congregación a mostrar el amor de Jesucristo a través de todos los ministerios con la niñez y juventud, y "rodearemos a estas personas con una comunidad de amor y perdón, para que puedan crecer en su confianza en Dios y ser halladas fieles en su servicio a los demás... para que sean fieles discípulos que anden por el camino que conduce a la vida eterna." ("El Pacto Bautismal", *Mil Voces para Celebrar, Himnario Metodista*, página 23).

SOLICITUD DE EMPLEO

(Esta solicitud debe ser completada por aquellas personas que buscan desempeñar un puesto para supervisar niños/as o jóvenes. La solicitud debe estar conforme a las especificaciones de su congregación. Sin embargo, toda solicitud debe incluir como mínimo: una sección para la identificación personal, cualificaciones del puesto, experiencias de trabajo, referencias (si la persona acaba de llegar de algún país latinoamericano, debe de incluir referencias de tal país, ya sea de su trabajo o pastor/a), y finalmente el consentimiento para el cotejo de antecedentes penales.)

Nombre: ____
            Apellido   Nombre   Inicial

¿Mayor de 18 años de edad? ☐ Sí   ☐ No

Dirección: ____

Ciudad: ________________________ Estado ____________ Código Postal _______

Teléfono residencial: ____

Puesto solicitado: ____

Fecha en que puede comenzar: ____

Cualificaciones del puesto:

Logros académicos: (escuelas o instituciones educativas, títulos obtenidos, fechas de culminación)

____

____

____

Continuación de cursos educativos: (Mencione los cursos y las fechas en que los completó.)

____

____

____

Organizaciones profesionales (Mencione alguna donde sea miembro.)

____

____

____

¿Adiestramiento en primeros auxilios? ☐ Sí ☐ No Fecha de finalización _______________

¿Adiestramiento en resucitación cardiopulmonar (CPR) ☐ Sí ☐ No Fecha en que los completó _______

(Solicitud de empleo, continuación…pág. 79)

Experiencia previa de trabajo: Haga una lista de sus últimos patronos (los últimos cinco años). Incluya el título del trabajo, una descripción de sus tareas y responsabilidades. Mencione el nombre de la compañía/patrono, la dirección de la compañía/patrono, nombre del supervisor inmediato, y las fechas que usted estuvo empleado en cada puesto. Si sus referencias son de algún país latinoamericano, favor de proveer información detallada, incluyendo el número de teléfono para cotejar la información y el código de área del país de cada patrono.

Experiencia previa de trabajo voluntario: Haga una lista de los trabajos voluntarios que ha desempeñado. Mencione las tareas y responsabilidades de cada trabajo, nombre del supervisor/a, dirección y número de teléfono de la organización voluntaria, y las fechas de su servicio voluntario. Si sus referencias son de algún país latinoamericano, favor de proveer información detallada, incluyendo el número de teléfono para cotejar la información y el código de área del país de cada organización.

¿Alguna vez ha sido convicto o declarado culpable de algún crimen o delito menor o grave (incluyendo, pero no limitado a cargos relacionados a drogas, abuso de menores, otros crímenes de violencia, hurto, o alguna violación de vehículo motor?

☐ Sí ☐ No

Si la contestación es afirmativa, favor de incluir información más detallada:

Referencias: Haga una lista de tres personas que le conozcan hace tres años o más. Favor de no incluir familiares o cónyuges.

1. Nombre: _______________________________________

    Dirección: _______________________________________

    Número de teléfono (de día): _______________________________________

    Número de teléfono (de noche): _______________________________________

    Tiempo que conoce a esta persona: _______________________________________

    Relación con usted: _______________________________________

(Solicitud de empleo, continuación…pág. 80)

2. Nombre: _______________________________

    Dirección: _______________________________

    Número de teléfono (de día): _______________________________

    Número de teléfono (de noche): _______________________________

    Tiempo que conoce a esta persona: _______________________________

    Relación con usted: _______________________________

3. Nombre: _______________________________

    Dirección: _______________________________

    Número de teléfono (de día): _______________________________

    Número de teléfono (de noche): _______________________________

    Tiempo que conoce a esta persona: _______________________________

    Relación con usted: _______________________________

Renuncia y Consentimiento

Yo, _______________________ certifico que la información que proporcioné en esta solicitud de empleo es verdadera y correcta. Autorizo a esta iglesia a verificar la información que he proporcionado en esta solicitud, y a contactar a las referencias y patronos aquí mencionados. La iglesia también puede hacer un cotejo de referencias y antecedentes penales, mediante otro recurso y contactar a otras personas no mencionadas en esta solicitud. Autorizo a las referencias y a los empleadores aquí mencionados a dar cualquier información que tengan sobre mi persona, y con relación al puesto que solicito. Además, renuncio a cualquier derecho que tengo a la privacidad y confidencialidad.

En caso de que mi solicitud sea aceptada y sea empleado/a por la Iglesia _______________________________ ____________________, acuerdo acatarme y sugetarme a las políticas de la Iglesia ____________________, y me abstengo de cualquier conducta inapropiada en el desempeño de mis funciones a favor de la iglesia ____________________ .

Yo certifico haber leído la Renuncia y la Solicitud de Empleo en su totalidad, con pleno conocimiento de su contenido. Firmo este consentimiento libremente y sin coacción.

____
Firma del solicitante   Fecha

____
Testigo   Fecha

Este formulario es sólo una muestra. Le recomendamos adaptarlo conforme a los requisitos para obtener información de las leyes del estado donde usted vive y las políticas de su congregación.

AUTORIZACIÓN PARA EL COTEJO DE
ANTECEDENTES PENALES

Yo, ______________________, autorizo a la Iglesia __________________ solicitar____________________ al departamento de policía o del alguacil u otra compañía u organización revele información sobre mi persona con respecto a cualquier expediente de cargos o de convicciones contenidas en sus archivos o en cualquier archivo criminal sobre mi persona, sea dicho archivo local, estatal o un archivo nacional, incluyendo pero no limitándose a acusaciones y convicciones de crímenes contra menores de edad, al grado que sea permitido por el estado y la ley federal. Yo relevo al departamento de policía y del alguacil, o alguna otra compañía u organización de toda la responsabilidad que resulte de tal revelación hecha en respuesta a esta petición.

Firma del Solicitante   Fecha

Escriba en letra de molde el nombre completo del solicitante: ________________________

Escriba en letra de molde algún otro nombre utilizado por el solicitante: ________________________

Fecha de nacimiento: __________________ Lugar de nacimiento: ____________

País de nacimiento: __________________ Ciudad de nacimiento: ____________

Número de Seguro Social o número de identificación de impuestos: ________________

Número de licencia de conducir y el estado dónde la misma está registrada ________________

Fecha de expiración de la licencia de conducir: ________________

Información sobre su visa (si está legalmente en los Estados Unidos): ________________

Petición enviada a : ________________________

    Nombre: ________________________

    Dirección: ________________________

    Teléfono: ________________________

    Fax: ________________________

Favor de nombrar las más recientes direcciones en donde usted ha vivido durante los últimos cinco años.

    Dirección: ________________________

    Dirección: ________________________

    Dirección: ________________________

Nombre actual del solicitante: ________________________

    Dirección: ________________________

    Teléfono: ________________________

Este formulario es una muestra. Es muy probable que el departamento de la policía o del alguacil tenga su propio formulario para estos fines y prefieren usted utilice.

SOLICITUD DE TRABAJO VOLUNTARIO

Nombre: ____

Dirección: ____

Teléfono (de día): ____

Teléfono (de noche): ____

Profesión: ____

Empleador: ____

____

Tareas, responsabilidades y horario de su trabajo actual: ___________________

____

Experiencia previa de trabajo: ____

Experiencia previa de trabajo voluntario: __________________________________

Algún interés especial, pasatiempos o destrezas: ____________________________

¿Cuántas horas a la semana está usted dispuesto/a a trabajar como voluntario/a? ____

____

Días_____   Noches ______   Fines de semanas ______

¿Puede comprometerse a trabajar como voluntario/a durante un año? __________

____

¿Tiene usted transportación propia? ______________________________________

____

¿Tiene licencia de conducir vigente? ______________________________________

____

¿Tiene usted cubierta de seguro? (Favor de mencionar la compañía de seguros y la información de la póliza.)

____

¿Por qué le gustaría trabajar como voluntario/a del ministerio con niños/as o jóvenes? ____

____

¿Qué capacidades tiene usted que le ayudarían a trabajar con los niños/as o jóvenes? ____

____

¿Cómo lo trataban sus padres cuando usted era un niño/a? _________________

____

Si usted fuera papá o mamá de un niño/a o adolescente, ¿cómo lo disciplinaría usted? ____

____

(Solicitud de trabajo voluntario, continuación…pág. 83)

¿Alguna vez ha sido convicto o declarado culpable de algún crimen o de algún delito menor o grave ["felony"] (incluyendo, pero no limitado a cargos relacionados por drogas, abuso de menores, otros crímenes de violencia, hurto, o alguna violación de vehículo motor?

❏ Sí ❏ No

Si la contestación es sí, por favor abunde sobre el tema: _______________________

____

¿Ha sido usted alguna vez expuesto/a a algún incidente de abuso de algún menor?

❏ Sí ❏ No

Si la contestación es sí, ¿cómo se sintió usted por el incidente? _______________

____

¿Estaría usted disponible para sesiones voluntarias de adiestramiento con regularidad?

❏ Sí ❏ No

Referencias: Haga lista de tres personas que le conozcan hace tres años o más. Favor de no incluir familiares o cónyuges.

1. Nombre: ____

    Dirección: ____

    Teléfono (de día): ____

    Teléfono (de noche): ____

    Tiempo que conoce a esta persona: __________________________

    Relación con usted: ____

2. Nombre: ____

    Dirección: ____

    Teléfono (de día): ____

    Teléfono (de noche): ____

    Tiempo que conoce a esta persona: __________________________

    Relación con usted: ____

3. Nombre: ____

    Dirección: ____

    Teléfono (de día): ____

    Teléfono (de noche): ____

    Tiempo que conoce a esta persona: __________________________

    Relación con usted: ____

_______________________________   _______________________

Firma del solicitante   Fecha

Este formulario es una muestra. Utilícelo como una guía al hacer su propia solicitud conforme a las necesidades de su congregación.

HOJA PARA EL COTEJO DE REFERENCIAS

Nombre del solicitante: ____

Nombre de la referencia: ____

Dirección: ____

Teléfono: (favor de proveer el código de área del estado o país) ________________________

1. ¿Cuál es su relación con el solicitante?

2. ¿Cuánto tiempo hace que usted conoce al solicitante?

3. ¿Cuán bien usted conoce al solicitante?

4. ¿Cómo usted describiría al solicitante?

5. ¿Cómo usted describiría las capacidades del solicitante para trabajar con niños/as o jóvenes?

6. ¿Cómo usted describiría las capacidades del solicitante para trabajar con otros adultos?

7. ¿Cómo usted describiría las capacidades de liderazgo del solicitante?

8. ¿Describiría usted al solicitante como una persona que le gusta los deportes en equipo o las competencias individuales?

9. ¿Cómo se sentiría usted si el solicitante estuviera trabajando como voluntario/a con los niños/as o jóvenes?

10. ¿Sabe usted de alguna característica del solicitante que pueda afectar la capacidad para trabajar con niños/as o jóvenes? Si ese es el caso, por favor abunde sobre el tema:

11. ¿Tiene usted conocimiento de que el solicitante alguna vez haya sido convicto/a de algún crimen? Si ese es el caso, por favor abunde sobre el tema:

12. Por favor mencione algún otro comentario que le gustaría hacer: ________________________

El cotejo de referencia fue realizado por: ____

Firma   Fecha

Este formulario es una muestra. Utilícelo como una guía al hacer su formulario conforme a las necesidades de su congregación. En adición, este formulario puede usarse para entrevistar por teléfono a las personas mencionadas como referencia.

PACTO DE PARTICIPACIÓN EN EL TRABAJO
CON LA NIÑEZ Y JUVENTUD DE LA IGLESIA

La congregación de la Iglesia _________________________ se compromete en proveer un ambiente seguro y santo para todos los menores de la iglesia, y los voluntarios o encargados que participan en los ministerios y actividades patrocinadas por la misma. La siguiente declaración refleja el compromiso de nuestra congregación en preservar esta iglesia como un lugar santo y seguro, un lugar de protección para todos los que entren a ella, y un lugar donde las personas puedan experimentar el amor de Dios a través de sus relaciones con otros seres humanos.

Ningún adulto que haya sido convicto de abuso de menores (sea sexual, físico o emocional) debe trabajar con los niños/as o los jóvenes de la iglesia en ninguna capacidad.

Las personas sobrevivientes del abuso necesitan el amor y el apoyo de nuestra congregación. Cualquier persona sobreviviente del abuso que desee trabajar en cualquier capacidad con los niños/as o los jóvenes de la iglesia, se le sugiere que hable con uno de los ministros de la iglesia antes de aceptar cualquier cargo.

Todas las personas que trabajen como voluntarias y que estén involucradas con los niños/as o jóvenes de la iglesia, deben tener por lo menos seis meses como miembros de la iglesia antes de comenzar su trabajo voluntario.

Todo adulto que trabaje como voluntario en el ministerio de niños/as o jóvenes debe de cumplir con la regla de los "dos adultos", para que no haya ningún adulto solo en ningún momento con algún menor de la iglesia.

Toda persona que trabaje como voluntaria y que esté involucrada con los niños/as o jóvenes de la iglesia, debe de asistir regularmente a adiestramientos y eventos educacionales proporcionados por la iglesia local, la oficina del distrito o la conferencia anual para mantenerse informada sobre la política de la iglesia y las leyes estatales sobre el abuso de menores.

Toda persona que trabaje como voluntaria debe de informar inmediatamente a su supervisor de cualquier comportamiento que parezca abusivo o inapropiado.

Favor de contestar las siguientes preguntas:

1 Como trabajador/a voluntario/a de esta congregación, ¿está de acuerdo en cumplir y acatar la política de la iglesia al trabajar en el ministerio con niños/as o jóvenes? ☐ Sí ☐ No

2 Como trabajador/a voluntario/a de esta congregación, ¿está de acuerdo en cumplir con la regla de los "dos adultos" en todo momento? ☐ Sí ☐ No

3 Como trabajador /a voluntario/a de esta congregación, ¿está de acuerdo en cumplir con la regla de los "seis meses" antes de comenzar con su cargo voluntario? ☐ Sí ☐ No

4 Como trabajador/a voluntario/a de esta congregación, ¿está de acuerdo en participar en eventos educativos proporcionados por la iglesia con relación a su cargo voluntario? ☐ Sí ☐ No

5 Como trabajador /a voluntario/a de esta congregación, ¿está dispuesto/a a informar rápidamente cualquier comportamiento abusivo o inapropiado a su supervisor? ☐ Sí ☐ No

6 Como trabajador/a voluntario/a de esta congregación, ¿está de acuerdo en hablar con un ministro/a de esta congregación sobre su experiencia de abuso, dado el caso? (Al contestar sí a esta pregunta, no lo incapacita para hacer trabajo voluntario con niños/as o jóvenes.) ☐ Sí ☐ No

7 Como trabajador/a voluntario/a de esta congregación, ¿está de acuerdo en informarle a un ministro/a de esta congregación si ha sido usted convicto de abuso infantil o juvenil? ☐ Sí ☐ No

Certifico que he leído este Pacto de Participación, y estoy de acuerdo en cumplir y acatar las políticas para el trabajo con la niñez y juventud de la iglesia.

____   _________________
Firma del solicitante   Fecha

____
Escriba su nombre en letra de molde

Este formulario es una muestra. Utilícelo como una guía al hacer su formulario conforme a las necesidades de su congregación.

INFORME SOBRE SOSPECHA DEL ABUSO DE UN MENOR

1. Nombre del empleado/a (voluntario o asalariado) que observa o se le revela el abuso de un menor:

____

2. Nombre de la víctima:____

Edad de la víctima/fecha de nacimiento: ___________________________

3. Fecha/lugar de la conversación inicial con la víctima:___________________

____

4. Declaración de la víctima (provea un resumen detallado): _______________

____

____

____

5. Nombre de la persona acusada del abuso: _______________________

Relación de la persona acusada con la víctima (empleado, voluntario, miembro de la familia, otro):

____

6. Informado al pastor: ____

Fecha/Hora: ____

Resumen: ____

____

7. Informado los padres de la víctima: ______________________________

Fecha/Hora: ____

Resumen: ____

____

8. Informado a la agencia local de menores y la familia:_________________

Fecha/Hora: ____

Resumen: ____

____

9. Informado al departamento de la policía/alguacil: ___________________

Fecha/Hora: ____

Resumen: ____

____

10. Otros contactos: ____

Fecha/Hora: ____

Resumen: ____

____
Firma de la persona que hizo el informe/Fecha

Este formulario es una muestra. Favor de adaptarlo de acuerdo a los requisitos de las leyes de su estado y las políticas de su congregación sobre cómo reportar la sospecha de abuso. Es sumamente importante que la persona que complete este formulario tenga conocimiento general sobre las leyes estatales y los requisitos necesarios antes de tomar alguna acción o completar el informe.

INFORME DEL ACCIDENTE

(Favor de escribir en letra de molde toda la información.)

Fecha del accidente: _______________________ Hora del accidente: _______________

Nombre del menor accidentado: _______________ Edad: ___________________________

Dirección: ____

____

Lugar del accidente: ____

Padre/madre o tutor: ____

Nombres de las personas que presenciaron el accidente:

Nombre: _________________________________ Teléfono: ________________________

Nombre: _________________________________ Teléfono: ________________________

Nombre: _________________________________ Teléfono: ________________________

Describa el accidente: ____

____

____

____

____

____

____

____
Firma de la persona que hizo el informe/Fecha

Este formulario es una muestra. Utilícelo como una guía al hacer su formulario conforme a las necesidades de su congregación.

AUTOEVALUACIÓN DE LA IGLESIA LOCAL

Utilice la siguiente lista para ayudar a su congregación a evaluar su política de prevención del abuso de menores dentro de la iglesia. Lea cada declaración y luego marque la respuesta apropiada en las columnas a la derecha del documento. Al completar este formulario, usted podrá notar las áreas que necesitan atención.

Declaración	Sí	No	No lo tengo claro
1. Nosotros seleccionamos y verificamos las referencias de todos los empleados, incluyendo al personal clérigo, que tenga relación con los niños/as y jóvenes.	❑	❑	❑
2. Nosotros examinamos a todos los trabajadores voluntarios con puestos relacionados con los niños/as y jóvenes.	❑	❑	❑
3. Nosotros adiestramos anualmente a todos los trabajadores (voluntarios o asalariados) para que estén capacitados sobre los indicadores del abuso y sepan reconocer cuando ocurre.	❑	❑	❑
4. Nosotros adiestramos anualmente a todos los trabajadores (voluntarios o asalariados) que trabajan con niños/as o jóvenes en cómo mantener nuestra política de prevención de abuso de menores.	❑	❑	❑
5. Nuestros empleados están informados de los requisitos de la ley estatal sobre el abuso de menores y de sus responsabilidades de reportar los incidentes.	❑	❑	❑
6. Tenemos un informe de procedimiento claro en caso de que haya una sospecha de abuso.	❑	❑	❑
7. Tenemos una cubierta de seguro disponible en caso de que ocurra una demanda de abuso de menores.	❑	❑	❑
8. Tenemos una estrategia clara y definida del uso de nuestra política de prevención del abuso de menores.	❑	❑	❑
9. Tenemos un plan de respuesta claro y definido para que se lleve a cabo en caso de que ocurra un alegato de abuso de menores en contra de alguien de la iglesia.	❑	❑	❑
10. Ofrecemos oportunidades educacionales anuales para los niños/as, jóvenes y sus familias de cómo reconocer el abuso y reducir el riesgo.	❑	❑	❑
11. Tomamos nuestra política de prevención del abuso seriamente, y estamos comprometidos a proteger a nuestra niñez y juventud.	❑	❑	❑

DESCRIPCIÓN DE LAS FUNCIONES DEL PERSONAL
DE LA GUARDERÍA INFANTIL

Posición: Trabajador/a a cargo del cuidado infantil en la guardería infantil de la iglesia

Se reporta a: Supervisor o al coordinador de la guardería infantil

Requisitos del puesto

1. Todo personal de la guardería infantil tiene que tener buen carácter y poseer fe cristiana.

2. Todo personal de la guardería infantil debe:

   a. Estar física, mental y emocionalmente saludable;

   b. Tener una comprensión básica de las necesidades de los niños/as;

   c. Adaptarse a una variedad de situaciones;

   d. Estar dispuesto a crecer en el conocimiento del cuidado de los niños/as, a través de adiestramientos y eventos educativos.

3. Todo el personal de la guardería infantil tiene que tener un certificado médico, el cual declare que está en buena salud y haber presentado evidencia actualizada del resultado de la prueba de tuberculina.

4. La iglesia _______________________________ contrata a sus empleados sin discriminación de raza, sexo, o lugar de nacimiento.

Requisitos educativos para el puesto

Todos los empleados de la guardería infantil deben tener el diploma de escuela secundaria o su equivalente.

Responsabilidades del personal de la guardería infantil

1. Proveer apoyo y estímulo físico, emocional e intelectual a cada niño/a a su cuidado, de acuerdo a las circunstancias.

2. Proveer orientación apropiada a cada niño/a a su cuidado.

3. Desarrollar una relación de confianza y seguimiento con cada niño/a a su cuidado, para mejorar el desarrollo positivo de su imagen.

4. Proveer apoyo y asistencia a los padres/madres cuando lleguen con sus hijos/as.

Expectativas del desempeño del personal de la guardería infantil

1. Ser puntual. Avisar al supervisor/a de la guardería infantil si va a llegar tarde.

2. Ser responsable en la asistencia. Avisar al supervisor/a de la guardería infantil si va a estar ausente con anticipación.

3. Asistir a adiestramientos regularmente y a eventos educativos proporcionados por la iglesia.

4. Ser amable, amigable, educado, y cortés con los niños/as y adultos.

5. No aplicar castigo o disciplina física a ningún niño/a.

6. Cooperar con cualquier empleado de la guardería infantil o con los padres/madres.

7. Acatar la política de la guardería infantil de la Iglesia _______________________________ en todo momento.

Certifico haber leído la descripción de las funciones del personal de la guardería infantil de la Iglesia _______________________________ y entiendo el contenido de la misma. Mi firma abajo indica mi acuerdo y pacto de seguir los requisitos arriba mencionados.

____

Firma del solicitante   Fecha

Este formulario es una muestra. Utilícelo como una guía al hacer su formulario conforme a las necesidades de su congregación.

DESCRIPCIÓN DE LAS FUNCIONES DEL PERSONAL
DEL MINISTERIO JUVENIL

Posición: Empleado del ministerio juvenil de la iglesia

Se reporta a: Director/a de jóvenes/ministro/a de jóvenes/pastor/a a cargo

Requisitos generales del puesto

1. Todo personal que trabaje en el ministerio juvenil tiene que tener buen carácter y poseer fe cristiana.

2. Todo personal que trabaje con los jóvenes debe:

   a. Estar física, mental y emocionalmente saludable;

   b. Tener una compresión básica de las necesidades de los jóvenes;

   c. Adaptarse a una variedad de situaciones;

   d. Estar dispuesto a crecer en el conocimiento del cuidado de los jóvenes, a través de eventos educativos.

3. Todo personal que trabaje en el ministerio juvenil tiene que tener un certificado médico, el cual declare que está en buena salud y haber presentado evidencia actualizada del resultado de la prueba de tuberculina.

4. Todos los empleados del ministerio juvenil deben tener diploma de la escuela secundaria o su equivalente.

5. Todos los empleados del ministerio juvenil deben tener, al menos, veintidos años de edad.

Responsabilidades del personal del ministerio juvenil

1. Proveer apoyo y estímulo físico, emocional e intelectual a cada joven bajo su cuidado, de acuerdo a las circunstancias.

2. Proveer orientación apropiada a cada joven bajo su cuidado.

3. Desarrollar una relación de confianza y seguimiento con cada joven a su cuidado, para mejorar el desarrollo positivo de su imagen.

4. Proveer apoyo y asistencia a los padres/madres cuando lleguen con sus hijos/as.

5. Proveer oportunidades para el crecimiento espiritual a través de programas y experiencias de adoración apropiadas.

6. Proveer oportunidades de crecimiento de la fe cristiana, en conocimiento y compresión a través de programas y experiencias educativas apropiadas para la juventud.

7. Crear y apoyar al Concilio de Jóvenes, compuesto por jóvenes y adultos a través de oportunidades de estudio, adoración, fraternidad y misión.

8. Coordinar a nivel semanal actividades, programas y estudios bíblicos para la juventud.

9. Coordinar a nivel mensual oportunidades para la misión.

10. Coordinar la participación de los jóvenes en actividades a nivel distrital y conferencial para la juventud.

Expectativas del desempeño del empleado del ministerio juvenil

1. Ser puntual. Avisar al director/a de jóvenes, si va a llegar tarde.

2. Ser responsable en la asistencia. Avisar al director/a de jóvenes con anticipación si va a estar ausente.

3. Asistir a adiestramientos regularmente y a eventos educativos proporcionados por la iglesia.

4. Ser amable, amigable, educado, y cortés con los jóvenes y adultos.

5. No aplicar castigo o disciplina física a ningún joven.

6. Cooperar con cualquier empleado del ministerio juvenil o con los padres/madres.

7. Acatar la política del ministerio juvenil de la Iglesia en todo momento.

Certifico haber leído la descripción de las funciones del personal del ministerio juvenil de la Iglesia _______________ y entiendo el contenido de la misma. Mi firma abajo indica mi acuerdo y pacto de seguir los requisitos arriba mencionados.

_______________________________________ _______________

Firma del solicitante   Fecha

Este formulario es una muestra. Utilícelo como una guía al hacer su formulario conforme a las necesidades de su congregación.

DESCRIPCIÓN DE LAS FUNCIONES DEL DIRECTOR/A
O MINISTRO/A DEL MINISTERIO JUVENIL

El director/a del ministerio/a juvenil o el ministro de jóvenes sirve bajo la supervisión del pastor/a a cargo y del Comité Pastor-Parroquia y se reporta al Concilio de la Iglesia con regularidad. La persona incumbente de este puesto debe de trabajar en sintonía con otros programas y miembros del ministerio; abogará y modelará la teología, doctrina y política de la Iglesia Metodista Unida; participará de las reuniones o eventos del distrito y de la conferencia anual, proveyendo liderazgo en esos escenarios, siempre y cuando la oportunidad se le presente; deberá tener, al menos veintidos años de edad y poseer, como mínimo, diploma de escuela superior.

Responsabilidades del director/a o ministro/a del ministerio juvenil

Jóvenes y padres/madres (ministerio de la familia)

* Desarrollar relaciones saludables con los jóvenes y sus familias;

* Guiar a los jóvenes y sus familias en la formación y el crecimiento espiritual;

* Proveer grupos de apoyo o grupos pequeños de estudio para los padres/madres;

* Ayudar a integrar a los jóvenes en la vida de la congregación en su totalidad: adoración, coros, comités, misiones, etc.;

* Alcanzar a jóvenes inactivos.

Liderato

* Apoyo, educación, y adiestramiento para todas las personas que trabajen como voluntarias de acuerdo con la política de la iglesia y la conferencia anual para prevenir el abuso de menores;

* Coordinar reuniones mensuales del Concilio de jóvenes y que las mismas sean dirigidas por los jóvenes para el propósito de planificar, implantar y guiar al ministerio de jóvenes en estudio, adoración, compañerismo y misión;

* Adiestrar y apoyar al comité de adultos que trabajan con los jóvenes, para que los mismos ayuden en supervisar, guiar, dirigir a los jóvenes y a la vez sean mentores;

* Coordinar reuniones con los padres de cuatro a seis veces al año;

* Asistir a eventos de educación continua por los menos una vez al año para la capacitación y formación espiritual.

Programación

* Coordinar con el Concilio de la Iglesia y otros comités de la iglesia;

* Coordinar programas semanales para jóvenes de tercer y cuarto año de escuela secundaria dentro de los programas ofrecidos por la Iglesia Metodista Unida;

* Coordinar estudios bíblicos semanales, escuela dominical, discipulado para jóvenes de tercer y cuarto año de escuela secundaria;

* Coordinar mensualmente oportunidades para la misión;

* Proveer oportunidades de liderato a los jóvenes en los servicios de adoración de la congregación y en el grupo de jóvenes;

* Coordinar eventos durante el verano (misiones, retiros, campamentos y diversión);

* Participar de actividades a nivel distrital, conferencial y jurisdiccional.

Otros deberes según vayan surgiendo las necesidades dentro del ministerio juvenil.

Responsabilidades de la iglesia a favor del director/a o ministro/a del ministerio juvenil

(El cumplir con estas responsabilidades ayudará a garantizar el éxito y salud del director/a o ministro/a del ministerio juvenil al proveerle beneficios, educación y límites en el ministerio.)

* Salario competitivo; • Seguro médico; • Plan de pensiones; • Fondos para la educación continua;

* Reembolso de gastos de viajes; • Compensación de horas extras trabajadas o viajes efectuados;

* Vacaciones (al menos dos semanas, preferiblemente tres, al año);

* Días feriados (los mismos días que se le concedan al demás personal de la iglesia).

ORDEN DEL SERVICIO:
CELEBREMOS NUESTRO COMPROMISO
CON LA NIÑEZ Y LA JUVENTUD

Preludio

"Jesús, Jesús" *(Mil Voces para Celebrar, Himnario Metodista, Himno 288)*

Llamado a la adoración

Líder: Oh Señor, estamos aquí hoy ante tu presencia,

Pueblo: ¡Les damos la bienvenida a nuestra niñez y juventud!

Líder: Oh Señor, recordamos nuestra promesa hecha durante el rito bautismal y la confirmación,

Pueblo: ¡Clamamos por nuestra niñez y juventud!

Líder: Oh Señor, guía nuestra participación en los ministerios de esta congregación,

Pueblo: ¡Apoyamos a nuestra niñez y juventud!

Líder: Oh Señor, afirma nuestro compromiso de mantener este lugar santo y seguro de todas las maneras posibles,

Pueblo: ¡Rodeamos a nuestra niñez y juventud con un amor incondicional!

Líder: Oh Señor, danos sabiduría, fortaleza y valentía suficientes para mostrarle al mundo que,

TODOS: ¡Celebramos a nuestra niñez y juventud!
¡Amén!

Himno de alabanza

"Mil voces para celebrar" *(Mil Voces para Celebrar, Himnario Metodista, Himno 1)*
"Cantemos al Señor" *(Mil Voces para Celebrar, Himnario Metodista, Himno 49)*

Oración congregacional

Dios de misericordia y gracia, nos has traído hasta aquí en esta comunidad de fe como testigos de tu amor por todos nuestros niños/as y jóvenes, por quienes están aquí y los que han de venir. Pedimos tu dirección y valor mientras nos encaminamos a hacer de esta iglesia un lugar santo para todas las personas que se alleguen a ella. Danos la valentía para crear dentro de nuestros ministerios lugares santos y seguros, donde todos nuestros niños/as y jóvenes crezcan en fe y con tu presencia en sus vidas. Todo esto te lo pedimos en el santo nombre de tu hijo, Jesús. Amén

Inquietudes pastorales
Oración en silencio
Oración pastoral
El Padrenuestro

Lección del Viejo Testamento

Jeremías 1:4-19 (Permita que un joven de cuarto año de escuela secundaria lea esto. Además, puede hacer que un joven de tercer año de escuela secundaria lea la parte de Jeremías y un adulto lea la voz de narrador y el Padrenuestro.)

Cántico congregacional o cantado por el coro juvenil

"Tú has venido a la orilla" *(Mil Voces para Celebrar, Himnario Metodista, Himno 195)*
"Heme aquí" *(Mil Voces para Celebrar, Himnario Metodista, Himno 289)*

Lección del evangelio

Lucas 2:21-24 y 40-52 (Permita que una joven y un joven de cuarto año de escuela secundaria lean alternadamente.)

Respuesta al evangelio

"Oh, cantádmelas otra vez" *(Mil Voces para Celebrar, Himnario Metodista, Himno 313)*

Lección de la epístola

1 a los Corintios 13 (Permita que un líder de los jóvenes o un padre o madre de la congregación lea esta lección.)

Afirmación de la fe

"Credo Hispano" *(Mil Voces para Celebrar, Himnario Metodista, págs. 68-70)*

Reconocimiento del liderato que trabaja con la niñez y juventud

(De escuela dominical, estudios bíblicos, etc.)

Invite a levantarse a todos los niños/ as, jóvenes y adultos. Expresen gratitud y apreciación a aquellos niños/as y jóvenes presentes, y adultos que han hecho el compromiso de trabajar con el ministerio de niños/as y jóvenes de la iglesia. Pueden aplaudir como una expresión de gratitud.

Himno de ofrecimiento (por la congregación o el coro)

Salmo 139
"Gracias, Señor" *(Mil Voces para Celebrar, Himnario Metodista, Himno 217)*
"Busca primero" *(Mil Voces para Celebrar, Himnario Metodista, Himno 201)*

Doxología

"A Dios es Padre celestial", (Mil Voces Para Celebrar, Himnario Metodista, Himno 21)

Sermón

"¿No queremos todos vivir en un lugar sagrado? Valoramos a todos aquí presentes: nuestros niños/as, jóvenes y adultos."

Invitación al discipulado cristiano

Himno de dedicación

"Unidos" *(Mil Voces para Celebrar, Himnario Metodista, Himno 348)*

Bendición

Himno de respuesta

"Somos uno en Cristo" *(Mil Voces para Celebrar, Himnario Metodista, Himno 273)*

capítulo 11

Otras fuentes y recursos

Las organizaciones en esta lista tienen información y materiales sobre el abuso de menores. Los materiales están disponibles en su mayoría en el idioma español y a su petición.

Organizaciones

- **Center for the Prevention of Sexual and Domestic Violence**
  2400 North 45th Street, #10
  Seattle, WA 98103
  www.cpsdv.org

- **Childhelp USA**
  15757 N. 78th Street
  Scottsdale, AZ 85260
  www.childhelpusa.org

- **Children's Defense Fund**
  25 East Street NW
  Washington, DC 20001
  www.childrensdefense.org

- **Christian Ministry Resources**
  PO Box 2301
  Matthews, NC 28106
  www.churchlawtoday.com

- **Comisión General del Estado y Papel de la Mujer**
  1200 Davis Street
  Evanston, IL 60201
  www.gcsrw.org

- **Centro Nacional para Menores Desaparecidos**
  699 Prince Street
  Alexandria, VA 22314
  www.missingkids.com

- **National Center for the Prosecution of Child Abuse**
  99 Canal Center Plaza, Ste. 510
  Alexandria, VA 22314
  www.ndaa-apri.org

- **National Children's Advocacy Center**
  200 Westside Square, Ste. 700
  Huntsville, AL 35801
  www.ncac-hsv.org

- **National Clearinghouse on Child Abuse and Neglect Information**
  330 C Street, SW
  Washington, DC 20447
  www.calib.com/nccanch

- **National Committee to Prevent Child Abuse (NCPCA)**
  332 S. Michigan Ave, Ste. 1600
  Chicago, IL 60604

- **National Court-Appointed Special Advocate Association**
  100 West Harrison Street
  North Tower, Ste. 500
  Seattle, WA 98119
  www.casanet.org

- **Nonprofit Risk Management Center**
  1001 Connecticut Avenue, NW, Ste. 410
  Washington, DC 20036
  www.nonprofitrisk.org

- **Oficina de Ministerios con la Niñez Junta General de Discipulado**
  PO Box 340003
  Nashville, TN 37203-0003
  www.gbod.org/children

- **Oficina de Ministerios con la Mujer la Niñez y Familias**
  General Board of Global Ministries
  475 Riverside Dr., Room 1549
  New York, NY 10115
  gbgm-umc.org

- **Parents Anonymous, Inc.**
  675 West Foothill Blvd., Ste. 220
  Claremont, CA 91711-3475
  www.parentsanonymous.org

- **Prevent Child Abuse America**
  200 South Michigan Avenue, 17th Floor
  Chicago, IL 60604
  http://www.preventchildabuse.org/espanol/index.html

- **Comunicaciones Metodistas Unidas**
  810 12th Ave. South
  Nashville, TN 37203
  615-742-5400

- **Your state and/or county child and family protective services department Risk Management Department General Council on Finance and Admin**.
  1200 Davis Street
  Evanston, IL 60201
  www.gcfa.org

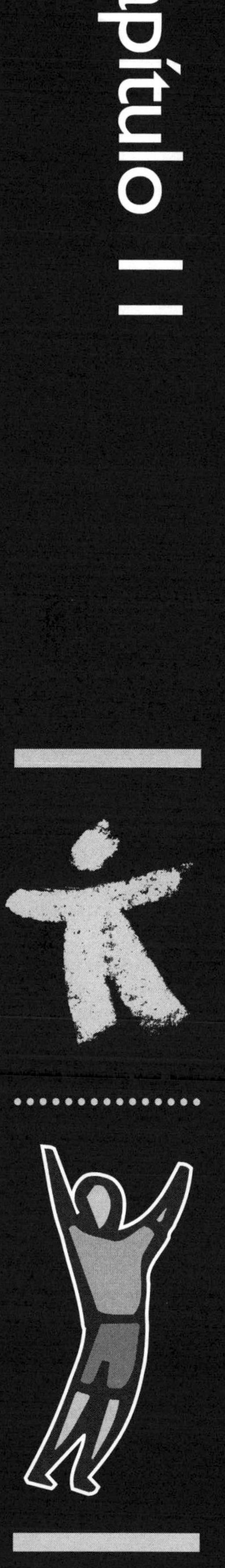

Otros recursos y enlaces- Ministerio con la niñez

- **Child Abuse Listening & Mediation** –Agencia de consejería para prevenir el abuso de menores (CALM). Recepcionista bilingüe disponible de 9 a.m. a 5 p.m.; 805-965-2376.

- **From Darkness to Light** 247 Meeting Street, Charlston, SC 29401– 7 Pasos para prevenir, reconocer, y reaccionar responsablemente frente al abuso sexual de menores: www.darkness2light.org

- **Guía Infantil.com: Consecuencias del Abuso Sexual**: http://www.guiainfantil.com/educacion/tema sespeciales/abusosexual/consecuencias.htm: Cómo Prevenir el Abuso Sexual: http://www.guiainfantil.com/educacion/tema sespeciales/abusosexual/prevenir.htm

- **National Center on Child-Abuse and Neglect** –Centro nacional de recursos para profesionales y el público en busca de información relacionada al maltrato de menores.

- **Prevenga el abuso infantil** –Preguntas más frecuentes acerca el reporte de abuso y maltrato de menores: 1-800-CHILDREN.

- **Preguntas más frecuentes sobre el abuso ritual**: http://www.ra-info.org/faqs/trans_span.shtml

- **Recursos sobre la prevención del abuso de menores**: www.faithtrustinstitute.org

Seguridad y educación al usar el Internet

- **America Links Up** –Recursos sobre la protección al usar el Internet para padres y niños/as.

- **GetNetWise** –Recurso educativo para padres con contenido relacionado a cómo enseñarle a sus hijos/as a protegerse mientras usan el Internet.

- **SafeKids.com** –Información para padres, niños/as, maestros/as, y oficiales sobre seguridad al usar el Internet.

- **Safety Ed International** –Consejos y recursos para padres, maestros, escuelas, bibliotecas sobre asuntos de seguridad al usar el Internet.

- **Internet Content Rating Association** –Información sobre la escala que determina el rango del contenido que se encuentra en los diferentes sitios del Internet.

- **Netmom**

- **Family Click** – Filtro familiar para el Internet, sitios relacionados con la familia, filtro o bloqueador de contenido gratis.

Otros recursos y enlaces- Ministerio con la juventud

- **www.edpubs.org**

- **Qué podemos hacer para prevenir el maltrato de menores** http://nccanch.acf.hhs.gov/topics/prevention/ order/spanpacket2003.pdf

- **Información para adolescentes** http://www.kidshealth.org/teen/en_espanol/ mente/abuse_esp.html

Made in the USA
Monee, IL
07 July 2026

56549687R00055